LOCUS

LOCUS

Smile, please

smile 176

創客精神：

《流言終結者》主持人從「自造」提煉的工作哲學

作者：亞當・薩維奇（Adam Savage）

譯者：韓絜光

責任編輯：潘乃慧

封面設計：許慈力

封面用圖：亞當・薩維奇

校對：聞若婷

出版者：大塊文化出版股份有限公司

台北市 105022 南京東路四段 25 號 11 樓

www.locuspublishing.com

讀者服務專線：0800-006689

TEL：(02)87123898　FAX：(02)87123897

郵撥帳號：18955675　戶名：大塊文化出版股份有限公司

法律顧問：董安丹律師、顧慕堯律師

版權所有　翻印必究

照片來源

頁 63：Prop Store of London 拍攝；頁 81、111、245、246：
© Industrial Light & Music 授權使用；
頁 125：Michael Shindler 拍攝；頁 158、196：Norm Chan 拍攝

總經銷：大和書報圖書股份有限公司

地址：新北市新莊區五工五路 2 號

TEL：(02) 89902588　FAX：(02) 22901658

初版一刷：2021 年 12 月

定價：新台幣 400 元

Printed in Taiwan

創客

《流言終結者》主持人
從「自造」提煉的工作哲學

精神

EVERY TOOL'S A HAMMER
LIFE IS WHAT YOU MAKE IT

ADAM SAVAGE

亞當‧薩維奇——著　韓絜光——譯

獻給我的家人，
以及世界上的每一位創客。

目
次

序

令我們著迷的事物，能幫助我們覺察自己是誰、想成為怎樣的人，
但也會暴露我們的真面目，我們的怪異和不安、無知及不足。

    自造，不專指具體的建造行為，也可以是舞蹈、縫紉、烹飪、作曲、絹印，是開闢新路，同時包含真實的道路與觀念之路。我朋友安德魯·寇伊（Andrew Coy）在前總統歐巴馬執政時期出任白宮資深自造顧問（White House Senior Advisor for Making）[1]，他就說，自造只是換個名字，稱呼人類自古以來勞心勞力所做的一件事——創造。

    從有記憶以來，自己動手做一直是我前進的動力，如今也成為我一生的志業，說一生也許有點誇張，但也不遠矣。最早是一九八〇年代中到九〇年代初，我在紐約和舊金山劇場界包辦雜役；後來替商業廣告和電影製作模型；最後我有足足十四年的時間，擔任《流言終結者》（*MythBusters*）節目的製作人、科普知識傳遞者，兼連環爆破專家。

    很多在公眾領域事業有成的人寫及自己的人生，往往把人生經歷畫成一條目標明確的直線，像一路登山直到攀上成就的頂峰。大家常有一種觀念，以為偉人畢生都被命運或個人抱負驅策，堅定如一，朝目標前進。不管是贏得奧運獎牌、創建的公司獲《財富》評

---

1. 對，這真的是他的職銜。

選為世界五百強，還是登陸月球，他們的故事似乎總有相同的起承轉合。回首來路，人生故事看來總像是不間斷的直線，但真正這樣的人少之又少。至少我的故事就不是。

我的故事比較像一條處處分歧的路。隱約有我想走的大方向，也有對未來落腳之處的模糊期待——我想當樂高設計師！《星際大戰》電影特效師！但每次實際來到岔路口，我衡量的多半是眼前的情勢和機會。有些彎路，我轉錯了，有些對了，有些乍看奇怪，久了也漸漸變成對的，比如《流言終結者》這個節目。

我和傑米・海納曼（Jamie Hyneman）遇到的《流言終結者》節目粉絲群，絲毫稱不上大眾，但涵蓋的族群雖小，深度卻是兩倍，因為當時還不像現在，沒有蓬勃的自造者社群供有創意的年輕人加入。我並不想自捧為開路先鋒，其實正好相反，我所走的是之前世世代代自造者開拓出來的蹊徑。不過，節目後來之所以能夠家喻戶曉，其中一個原因大概是我們做的事情有點奇特，並非常人會做的。觀眾群雖然多少看得出有喜歡動手做的氣質，但是會實際拿起工具、把感興趣的東西做出來的人，實屬少數。很少有年輕人有機會練習花心思，動手把心目中認為重要的東西做出來，也就是用雙手去創造。

造就這種現象的可能原因太多太多——一九八〇到九〇年代，高中及中小學生的工藝課大幅刪減、過度重視大學文憑；科技或財經，或是科技**結合**財經，成為向上流動的主要途徑；又或者周遭有太多電子螢幕了。我並不是社會學或人類學者，無法充分解釋所見的現象，只是我發現愈來愈難找到優秀的青年自造團體，與他們分享創意。

到了二〇〇〇年代中期，情況漸有變化，有部分要歸功於3D

列印等快速原型（rapid-prototyping）科技的發展、開源軟體，以及寬頻網路普及。新興的DIY自造風潮，讓年輕人、弱勢族群和單純充滿好奇心的人重拾學習、指導及分享自造方法的動力。我覺得這一切也要大大歸功於戴爾‧道弗帝（Dale Dougherty）。二〇〇五年，他創辦《Make:》雜誌，讓讀者有機會看到現代版的《大眾機械》（*Popular Mechanics*）雜誌，我的美夢彷彿躍然成真。《Make:》雜誌是自造者最好的標竿，用好上手的企劃和簡單易學的步驟呈現發想，宣揚形形色色的創意。

　　不久，加州聖馬提歐也創立了創客嘉年華（Maker Faire），創客社群應運而生。我很榮幸能說，早在嘉年華創辦之初，我就是與會來賓，幾乎年年到場演講，久而久之，還被笑稱是我的年度週日佈道大會（頭幾年，我還不知道自己有此名號）。我的講題年年不同，但結語不外是幾句諄諄教誨，鼓勵大家繼續動手做，繼續創造，繼續突破自己設下的界限。因為我們社會中最有活力和創意的頭腦，常常無法取得創造工具，比起其他方面，我長年以來一直想對抗的就是這個現象的諸多成因。不論是漠不關心、缺乏接觸管道、官僚慣性、社區不夠重視或教育分配不均，我不管。這個世界需要更多的自造者。

　　演講結束後，我會花兩個鐘頭與其他自造同業面對面聊聊。這是我每年最喜歡的見面會。除了分享趣事，合影留念，我會趁機問問對方，最近在自造什麼。因為他們再怎麼緊張，終究敵不過對自己創造之物的熱忱。一旦給自造者機會說明他們投資心力在做的事，想叫他們停下來，可要自求多福啦！

　　創客嘉年華草創的那幾年，曾經有個年輕人走過來，有點難過地說：「我不會自造，我只會寫程式。」這種氣餒的話，我不知道

聽過多少。「我不會自造，我只會＿＿＿＿。」空白隨你填。寫程式、做菜、手工藝，多到列舉不完。大家想出各種例外，把自己排除在自造者群體之外，我聽了實在火大。因為這樣看待自己的人（也很可能是別人這樣說他），根本錯了。

「寫程式也是自造呀！」我掏出滿腔熱情對那個年輕人說。只要是受到內在的動力驅使，嘗試從無到有創造一樣東西，不論是具體物品，像一把椅子，或更短暫飄渺的事物，如一首詩，同樣是在為世界貢獻一己之力。我們拿各自的經驗，用文字或雙手、聲音或身體加以汰篩，將一些過去不存在的東西注入現有文化之中。甚至可以說，我們不是把自造物放入文化，我們所做的事就是文化。為世界注入過去不存在之物，就是最廣義的自造，這代表我們每一個人都可以是自造者。我們都可以是創造者。

每個人都有可貢獻的長才。這說起來簡單，但做起來不見得容易。因為創造帶來力量和洞察，但同時也使得我們感到脆弱，害怕受傷害。令我們著迷的事物，能幫助我們覺察自己是誰、想成為怎樣的人，但也會暴露我們的真面目，包括我們的怪異和不安、無知及不足。即便寫作這本書時我已經五十一歲了，仍得承受這種可怕的脆弱感。

實際動筆以前，我不知道要怎麼寫出一本書。跟我在人生中學到的大部分事情一樣，我在寫的過程中才學會寫作。寫作是意想不到的複雜且困難。我在後續篇章常會提到，計畫愈複雜我愈喜歡。照理來說，寫書這件事，我應該有能力應付才對。但事實是，我完全沒有快刀斬亂麻、用幾萬字把想法闡述清楚的準備。我向幾個本身是作者的朋友求助，他們仰賴出書維生，我在此要向他們脫帽致敬，寫書真的**很難**。寫書太可怕了。這本書的內容與我個人深切相

關，但我希望也具有教育意義。我必須老實說，我很滿意我努力的成果，且滿意度超乎預期。這是所有創意人士都要承擔的風險——每件作品會遇到的關卡都和破關方法一樣多，而且每遇到一個關卡，結果都有可能不盡如人意；也可能你滿意了，但別人不滿意，而且等不及要告訴你。

我相信這也是很多青少年壓力如山大的原因。我們正逐漸窺見赤裸真實的自我，正要開始瞭解這個迷人且引人好奇的世界，卻不時會遇上某些人，不願鼓勵人也就罷了，還可能對「與眾不同」的人懷抱深厚敵意。我們因此早早就用沉重的方式學到，只和人分享某部分的自己才安全。這樣一想，向他人表明及展現你對事物的深切好奇、透露某種愛好，其實就像對人袒露脆弱的肚子。我的狗兒躺在地上翻滾，任由我搔肚子，其實就是在向我表露最深的信任，用牠的脆弱表達對我的高度肯定。

另一方面，小孩有時候很殘忍；不見得是所有的小孩，但為數不少。因此很多人在青少年時期學會隱藏真實的自我，用自我保護行為掩蓋創造方面的興趣和直覺。想要解開束縛，需要找到可信任的人，對他敞開心扉。這個人可以是好朋友、社團或共修團體。說到這方面，歷史上從未比現今更容易找到同好。以目前來說，網路雖然距離實現集人類知識之大全的承諾尚遠，比較像是摘要或索引目錄，但其優勢在於，世界各地的人只要利用網路，都能找到興趣相同的同好團體，分享創意，進而分享自己。好處多於壞處。一旦找到同好，就等於在他們身上找到自由探索、分享、為某件事興奮忘我的許可。

我嘗試透過本書與你分享我的探索。這本書就像是我人生的編年史，也是我一路來學到的種種教訓。同時也是一份同意書，是我

發給你的同意書。上頭寫著，你已獲得許可，盡情把握你感興趣、令你著迷的事物吧，並且不妨深入探究，看看它會帶領你去向何方。你可能不需要這份許可。如果是這樣，當然最好！現在就動手做些好玩的事吧。但我的人生中，曾經多次需要這樣的許可，而且每次獲得許可，都幫助我發掘許多關於自己的祕密，以及我所生活的世界的祕密，讓我不論作為一個男性、一名創客，還是一個人，都變得更好。

我們生來傾向合作。人類是探索者，也是社會性的生物。我們渴望與人分享故事。這些故事使得人類在這個星球上獨一無二。我的意思是，看似獨一無二。章魚和烏賊族群之間，也許流傳著精采的冒險傳說，虎鯨或灰狼個體之間，可能也會分享幽默可喜的口述歷史，但除非我們能加以解讀，否則依然只有人類可以經由交換見聞和故事，擴大對宇宙的理解。而創造，正是人類歷來分享故事最重要的一個方法。

本書的架構在寫作過程中更動過幾次。最後的成品和我最初想像的很不一樣，想想也很好玩，因為現在我反而能看出這是本書一條重要的主軸：我們動手做一樣東西，成品從來不會完全符合想像中的樣子。但這是好事，不是壞事。正因如此，我們才想要去做。任何創作之路都不是從A到B結束，那樣太無聊了。甚至也不是從A到Z，那樣太容易預測。創造是從A走到Z之後不知多遠的地方。有趣的事都在那裡發生。包括打亂預期的事，以及改變我們的事。

這本書分成四大部分。第一部分講創造動力和原理。我認為健康的興趣是將我們與創造牽繫在一起的引力。我相信要在任何一件事上出類拔萃，至少要對它有些興趣；第一部分也會探討如何利用興趣尋找實作靈感。

　　第二部分談的概念是觀察自己的工作方式。留意工作方式，能夠告訴你怎麼做才會事半功倍。我會探討剛接觸陌生領域時，時間可以代替技術，在初期投資少量的額外時間，可以替後期省下大量的時間。最後，我會談到如何在自造的脈絡下，檢視你自己和你的工作習慣，以及如何擴大覺察範圍，意識到周圍其他人，從而與人分享你正在做的事。自造常常是孤獨的，但我發現化為團體活動之後，樂趣多更多。

　　第三部分關注耐受力，包含工程語彙上的意義，以及技藝上的後設意義。我們都說，應該教導孩子接受「失敗」，但我們沒說出完整的真相。我們想說的其實是，創造需要反覆的錘鍊，我們必須給自己空間，在追求成功的過程中，嘗試一些可能行不通的作法。走錯路是每趟旅程必經的一環，作家馮內果（Kurt Vonnegut）喜歡形容那是「上帝教授的舞蹈課」，我們絕對不希望孩子在這個時候雙腳打結。

　　第四部分則會談到組織能力，確切來說是創客工作空間的布置。我認為，每間工作坊都是創作者工作觀念的具體展現。瞭解工作觀念，你就能微調工作方法、工作習慣和產出的成品。

　　最後，這本書不拘一格，融合了故事和教學，很適合我。不拘一格很符合我的作風。在創意產出上，我涉獵廣泛；在生活安排上，我自認博學，所以只有在每則警世寓言和成功故事之後，放上一篇工具、技術和材料的教學，才適合我，畢竟是後面這些東西定義了我的創客身分。老實說，我原本以為後者的篇幅會比較多，但我寫得愈多，愈擔心自己太常站在權威的立場說話，因為我的強項不在於個人技術有多精湛，這方面我幾乎和常人一般平庸，我的強項在於把這些技術整合成解決問題的百寶箱，在生活中大小領域都

能派上用場。這裡有必要強調，這個百寶箱網羅了許多能力令人稱奇、予人啟發的自造者和創作者，我很幸運能在寫書的過程中向他們徵詢意見。他們誠摯熱心地討論自己的工藝手法，不斷帶給我靈感和動力，我希望也能為你帶來靈感和動力。閱讀關於自造的書，總會令我手癢，想要自己也來做點什麼。如果這本書對你產生類似的作用，我就覺得辛苦沒有白費了。

　　所以，開始動手做吧。

1

鑽進兔子洞

追問你對某物的興趣，拆解它帶給你的悸動；
搞清楚這件事物為什麼能抓住你的注意力不放，並容許自己投入那份陶醉。

「我該從哪裡做起？」投入自造四十多年，我最常被問起這個問題。看似簡單，答案卻很難一語道盡。如果問的是個別作品，我通常會回答：「呃，看狀況。」絕大部分原因是創作和自造本身有其特有的動力，包含慣性、動量、結構內聚力、摩擦、斷裂等物理特性，各有不同的考量。因此看你要自造什麼東西，製作原理往往會決定你要從何下手。

不過，這個問題多數時候真正想問的是：「我不知道要自造什麼，我該從哪裡做起？」此時，問題也從物理世界，移向概念和靈感所在的內在心智空間。我近來漸漸相信，答案存在於一條偉大的基本物理法則中，那就是熱力學第一定律：靜止的物體傾向靜止不動，除非受到外力作功。簡單來說，想要開始動手做，**你**必須自己成為那股外力，推動（心智的和物理的）那顆球，讓球滾起來，克服怠惰和猶豫的慣性，開始累積真正的創意動能。

我本身偏好速度和實驗，很少遇到裹足不前的問題，也因此很

少有想不出點子的時候。倒是常常眼睛大胃口小，創意餐盤上始終堆著多到要快滿出來的點子。我需要爭取的通常是時間和資源，不是煩惱下一件作品該做什麼。

我知道這可能讓我在某些創客圈裡顯得突出，八成還會惹毛另外一些圈子，但我向你保證，這和我個人能力特不特別沒有太大關係，反倒與一項特質比較有關，那就是興趣。依照我的經驗，想對世界有些貢獻，至少需要一點興趣加持。興趣是自造界的重力，能牽動事物、黏合事物，形成架構。熱忱（興趣好的一面）能創造不凡之事（例如點子），但若是太過單一的固執（興趣壞的一面），也可能變成一股破壞力。身為創客，你會經驗到哪一種結果，很大部分取決於你如何發現、運用和管理興趣的來源。

我一直是個好奇寶寶。多年來，曾有無數事物擄獲我的目光：歷史、科幻小說、電影、公共空間建築、機械電腦、膠水、樂高、髒話、魔術、說故事、《星際大戰》、物理、哲學、甲冑和兵器、魔法和怪物、新工具、迷你車、太空裝和太空旅行、動物意識、蛋。我的清單看不到盡頭，這些事物把我送進五花八門的兔子洞進行探索。慶幸的是，我很早就獲得雙親的支持，鼓勵我自行發展興趣，我的奇幻之旅很多都受到他們聯袂認可。我父親是藝術家，母親是心理治療師。我很幸運生在這個家庭。當我對某件事物好奇，他們允許我去探索。若我不知道從何下手，他們會為我製作探索道具。我想在某個層面上，父母可能想把我的好奇心引導到有建設性的事情上，只要別搗蛋就好，儘管我肯定有辦法逮到空檔搗蛋。在我長大的家庭裡，我爸媽很重視追隨個人的心之所向，不論那股熱情會把你帶往哪裡。他們知道，讓那股熱切的心情當嚮導，我更有可能運用探索所得**做出成果**。

　　情感自覺對小孩子來說是難如登天，即使長大了也一樣困難。情感本來就難以付諸文字，要當眾化為言語說出來又更加困難，不小心還會招來訕笑。我就是血淋淋的例子。要怎麼形容《星際大戰》或是科幻小說和阿波羅號太空人帶給我的感覺，青春期的我沒有半點概念。至少我不知道用哪一種方式說出來不會害我被鎖進學校置物櫃，於是我把熱情和感受全藏在心裡。這不是我的獨門策略，很多熱情、創意類型的年輕人對此都不陌生。不同的是，我雖然隱藏感受，但我沒有順勢壓熄火苗；如果沒有家庭環境支持，很多人最後往往會這麼做。但我沒有，我只是放任熱情在心中自由增生，直到化作我能想到的所有形態。

　　就這方面說來，父母對我養成好奇心的真正貢獻，應該是他們亮起綠燈，通融我最早的創意興趣。為此我永遠感謝他們。他們的鼓勵讓我看到，我剛萌芽的興趣是值得珍惜的事，不是不值一顧的雞毛蒜皮；我的喜好有價值；我的好奇心是將來能用於深度探索的籌碼，包括對外在世界的探索，以及自我的探索。他們允許我去追尋我所謂的「祕密悸動」。

追隨祕密悸動

　　祕密悸動可能來自任一時間、任一地點的任何東西。如果你恰巧和我一樣是電影迷或建築控，你的祕密悸動可能是最喜歡的電影裡推動劇情進展的麥高芬，[1]或是每天上班、上學經過的一棟房屋的建築細部，經風吹日曬出現的銅綠斑痕。只要多留心，這類事物

---

1. 譯註：麥高芬（MacGuffin）為電影用語，指電影中推動劇情發展的人、事或物，但對於此人、事、物的說明詳細與否並不重要。

會抓住你的目光;若你允許,它們會開始在你心上盤據不去。偶爾甚至會在私下的想像中令你興奮激動,燃起你更深入瞭解它的渴望,甚或是擁有它、運用它來做點什麼。類似這樣初萌芽(與臻至成熟)的興趣,就是靈感的來源。

依照我的經驗,當你追隨這股祕密悸動,興趣會化為重力把你拉向兔子洞深處,靈感會從樹上嘩啦搖落,從木材中劈啪冒出。然而,只有很少數人願意追隨這股悸動,甚至有些人會斥之為耽溺或分心,話中默默帶有某種羞恥感。對許多人來說,祕密悸動似乎永遠只能是祕密,很大一部分原因也在於此。多年來,我已數不清遇過多少次,某個人走向我,小聲開口,用近乎不情願的語氣承認,他對我的某件作品或我熱中的某個嗜好也感到好奇。這一類型的人,有很多都抱持一種觀念,覺得不加考慮便倉促投入興趣,就像是不務正業,偏離人生正軌。但我認為,也曾大力表明,投身興趣**也是**人生正業。投身興趣不只是休閒嗜好,而是熱情,是有目的的使命。對於投入精力在這些事物上,我學會獻上真摯的敬意,這些事物能服務我們,帶給我們喜悅。

我很幸運能追隨祕密悸動直到成年,還能達到職業成就。即使我沒能賴以維生,即使我只能在閒暇時間追逐這份悸動,我還是會不斷動手自造。

自造跟我短暫投入過的其他興趣和隨意學習的技能相比,如雜耍或戲劇表演,對比十分鮮明。那些事我學得比平常人多一點就放棄了。早年我著迷過太多東西,但從來不知道該怎麼突破那個點,晉升為專家,也不曾特意尋找方法。又一次足見我是平庸的典範。

二十歲出頭,我才意識到,我在高階自造領域有能力追求真正的卓越,說不定還能習得奧義。從此我才奮不顧身一頭栽入。投入

自造領域讓我大幅進步，更有能力結合舊有技能與希望習得的新技能。我也更能坦然承認自己的能力極限，這點很重要。舉例來說，我以前**很想**當編劇。編劇的觀看方式很特別。他們的大腦與眾不同，能夠完全透過敘事過濾感官經驗到的世界，久而久之已經變成一部高度精密的機械，專門用於建構人物、架構世界、堆疊情節。編劇基本上就是一部人體故事3D印表機。

　　但我後來發覺，我的大腦運作偏偏不是這樣。我不會用迂迴曲折的情節去思考事情；也不是說我多希望生個不一樣的腦袋。我對自己的頭腦運作方式其實還算滿意，不會認為自己有所不足。我**不一定**非要去寫劇本不可。我們在這世上奮力向前突破關卡，到頭來每個人也會找到不同的方法來解讀並概括這個世界。我們每個人都有獨一無二分享故事的方式，這也代表我們每一個人生成靈感的途徑都不一樣，表達方式也各不相同。而這正是構成文化的魔法。

　　你的頭腦如何運作？你的祕密悸動是什麼？你怎麼消化周圍的世界？編劇只是創造故事的一個途徑。我的大腦替我設置的這一組技能樹，扎扎實實地落在自造具體**物件**的範圍內，而且對我助益良多，哪怕最後一部劇本也沒產出。但我可以接受，因為自造帶給我的感覺始終不同。我學過的其他技能都沒能像自造一樣活用我的頭腦。我的大腦結構與雙手能做的東西結合巧妙。每當我開始動手做，世界對我就有了意義，彷彿那是我的超能力。

　　我對自造的熱情最早體現在cosplay（角色扮演）。Cosplay的基本活動是裝扮成電影、小說或動漫中最受歡迎的人物，但意義遠不僅僅是穿上角色的服裝而已。Cosplay也包含涉入那個角色，不論是男是女，是非人生物還是非生物。我後來慢慢瞭解到，比起個人活動，cosplay更像一個參與性的社團表演。我對cosplay懷有長

久深厚的熱情，它一直是我的悸動來源，也帶給我源源不絕的自造靈感。很多我最愛的作品都是這項興趣的產物。我對cosplay的愛不含糊也不害臊。至少現在是這樣，但並非一直都這麼單純。你可能沒想過，cosplay或任何能引起祕密悸動的深刻興趣，都有個棘手之處。那就是它一方面很好玩沒錯，但另一方面也可能很複雜，因為我們喜愛的事物往往也讓我們容易玻璃心（這足以說明為什麼我們擁有熱忱之餘，總悄悄帶著些許羞恥感）。

我對cosplay的興趣萌芽於高中時代——遠比cosplay一詞的發明還來得早。當時我愛上電影這種表現形式，多重感官併用的敘事手法和層層建構的世界觀，令我腦洞大開。那是八〇年代初，對酷愛科幻冒險、太空歌劇[2]和奇幻史詩的青少來年說，是個精采萬分的年代。那些電影驅使我自己製作服裝，將故事中的幻想世界與現實拉近，再把自己放進敘事情節裡——當然是私下在家幻想。我只有在萬聖節才會把這個祕密樂趣拿出來接受公評，每到此時，我就有天賜的藉口發揮創意靈感。我猜很多人也是這樣開始的。

十六歲那年，我和我爸合力打造了一套全身盔甲，發想來自約翰・鮑曼（John Boorman）的電影《神劍》（*Excalibur*）。萬聖節那天，我穿著盔甲上學。我們花了好幾星期研究用鋁製鐵皮浪板和上百萬根的空心鉚釘來編造盔甲。我不斷改良調整，直到穿起來像手套一樣合身。穿上它，我覺得無比驕傲，唯一遇到的結構問題只有無法坐下。我如果穿著盔甲又要看清楚老師在黑板上寫的字，就必須退到教室最後面貼著牆站。這個代價我何止願意付，甚至覺得占到便宜，直到第三節課上到一半，我的身體開始過熱，視線逐漸

---

2. 譯註：太空歌劇（space opera）是科幻的一個分支，不強調科學考證或啟發，只是把冒險故事背景放在外太空，著重故事的戲劇性。

模糊。我順著牆壁慢慢往下滑，不疾不徐地發出刺耳的金屬刮擦聲，最後癱坐在地，數學課上到一半就昏了過去。醒來後，我發現自己躺在保健室，滿身大汗，全身被扒到只剩內褲，心裡還納悶我的手工盔甲去哪裡了。那種感覺還真不只是有點尷尬而已。

隔年，我減少金屬用量，做出一隻前臂護甲，當作《衝鋒飛車隊》（*Mad Max 2: The Road Warrior*）角色扮裝的一部分。我用鋁片敲出前臂鎧甲，加上一些酷炫的標誌和未來風塗鴉。然後拿到地下室在骯髒的石牆上反覆摩擦，適當呈現出後末日歷經風吹日曬的外觀。萬聖節那天，我套上磨損的摩托車皮夾克和一雙巡警風格中筒厚靴，全副武裝地去上學。日後我才知道，原來這叫「內宇宙」（in-universe）服裝——不是標準造型，但在標準以內。總之，穿上身的感覺和看起來一樣殺，甚至比穿全套裝甲還殺，前提是你要做得出全套裝甲。

我的同學亞隆不敢苟同。他取笑我的服裝，語氣不到冷酷，但足以惹毛我。平常發生這種事，厭惡衝突的傾向會讓我選擇退縮，躲回我興趣所在的空間，但這次不一樣。穿著這身服裝讓我感到強大（後來我發現cosplay常常給人這種感覺），渾身充滿後末日時空的角色意志，成功熬過世界末日存活下來。我挺起胸膛，反唇相譏。在我腦中，或者應該說，在我寄生的這個角色腦中，事情應該到此就結束了。我擋下了亞隆的攻擊，然後成功用我的招式反擊。亞隆已經徹底落敗。

亞隆可不這麼認為。「哇，你們看亞當，手臂掛上一片鐵板，就以為自己具有天生的神力欸！」他酸溜溜地大喊，其他同學聽得哈哈大笑。

亞隆只用一句話就刺穿我的盔甲。他洞悉我的心思，而且拿來

對付我，暴露我多數時候深藏心底的那個自己。我在一瞬間體會到，我的興趣能帶來強大的變身感，讓我充滿力量，但若我允許，也可以反過來對付我。我方才愈是覺得強大，現在愈會感到脆弱。上了年紀以後，我還會反覆經歷好幾次同樣的教訓。

比如二〇〇九年，《流言終結者》決定破解一個經典電影流言。縱觀影史，不論英雄、壞蛋都常常從屋頂或高樓窗戶一躍而下，跳進小巷內的垃圾車，毫髮無傷地爬出來，逃之夭夭。但在真實世界中，垃圾車的內容物平均有多硬或多軟呢？實際跳落時，最理想的緩衝物是什麼？假如垃圾堆裡真的有理想的緩衝物，它能夠救你一命嗎？我們打算給這種種的問題找出答案。

我們在寫腳本的時候意識到，我和傑米必須親自跳躍一遍。整個企劃於是分成兩集，上集包含訓練，下集則包含實際的試驗。基於視覺敘事的效果，我希望上下集穿不同的服裝。造型團隊為訓練階段做了一套運動服，背後燙上**特技練習生**的膠字。而實驗階段，由於我是主跳的人，我想了很久該穿什麼上鏡頭才帥，但又符合該集的主題。

那集節目在舊金山灣區的金銀島消防訓練中心拍攝。我坐在消防設施的頂端眺望東灣，視線落在現已關閉的阿拉米達海軍航空站（Alameda Naval Air Station）。《流言終結者》有幾集規模最大的汽車主題在那裡拍攝；那裡剛好也是我最愛的一部科幻鉅作的取景地——基努・李維（Keanu Reeves）飾演尼歐的《駭客任務》（The Matrix）。這就對了！尼歐正是高樓逃生的高手。我心想，我可以裝扮成他，然後從二十呎高的屋頂躍入垃圾堆，畫面一定帥爆。尼歐招牌的長大衣，是導演華卓斯基兄弟為了大銀幕效果精挑細選的，用在我們節目裡，想必也很有銀幕效果。

　　於是，我沒告訴任何劇組人員，便自己仔細搭配一套夠逼真的尼歐裝。

　　飄逸長大衣：eBay網拍入手。

　　Oakley Twenty XX太陽眼鏡：有了。

　　有很多扣環的及膝摩托車長靴：到舊金山海特街（Haight Street）逛一圈，三兩下就找到了。

　　第二天，到了拍攝實驗階段，我跑回車上換衣服。每穿上一件尼歐的服裝，都會喚起一股新的興奮，但是當我走出車子，在劇組面前亮相時，我看到幾個人低頭竊笑，強忍著不笑出來。糾結的一刻又出現了，我的祕密暴露在外。要是我還年輕，眼前情景一定會變成慢動作的惡夢。我的玻璃心會像舞會上的魔女嘉莉一樣，把大家的無聲竊笑解讀成放肆的嘲笑。但我和這些人大多共事超過五年，在各方面都像家人。他們之所以吃吃竊笑，是因為他們看得出我有多**樂在其中**。

　　穿上尼歐裝，把我很深層私人的一部分暴露在劇組面前，他們有的人沒見過我這一面，我對自己這一面多少也有點難為情。但我隨即想起為什麼要穿這套服裝：我知道在高速拍攝下，我在空中往泡棉堆墜落時，《駭客任務》的長大衣在身後迎風飄揚，看起來一定會帥翻天。我沒蓋你，效果真的很讚。但我也發覺我在和兩個自己對話。我一邊對高中的我精神喊話，大聲告訴他：「露出你的真面目也沒關係！」同時也提醒長大後的自己，別放棄做這件事。我知道這個愛好有點奇怪，就連我自己也不完全明白我喜歡它的原因，但繼續做這些事，始終是我人生能有所成就的動力。

《流言終結者》之垃圾箱緩衝墊。這一集的高速攝影畫面依然是我的最愛。

　　尼歐裝是我為節目精心製作的第一套服裝，也激勵我為未來各集《流言終結者》做出其他無數套服裝，進而激發我後來扮裝參加聖地牙哥國際漫畫展，以及為Tested.com拍攝影片的靈感。Tested.com是我架設的網站，專門解說形形色色自造者需要的工具和步驟。那一天，我在金銀島消防中心做的事，某種意義上形同為自己亮起綠燈，允許自己追隨那些定義我的青春的興趣──追隨這些事帶來的祕密悸動直到盡頭，不管在盡頭會找到什麼。因為到頭來你所找到的，很可能是你至今最棒的靈感。

　　我的職業是創客，個性是愛說故事的人，但我首先自認是一部「答應機」。美國作家愛默生（Ralph Waldo Emerson）在他美妙的散文〈論自立〉（Self-Reliance）的開頭寫道：「相信你自己的思想，相信你心中所見的真實，對所有人也是真實的──這就是天才。」我十八歲初次讀到時，這篇文章、特別是這一段話，狠狠擊

中我的太陽穴，到今天依舊有如醍醐灌頂。你經驗到的深刻真實，也是讓我們每個人與彼此相連、與周遭世界相連的普遍真實。我發現這個真相正是解開羞恥與自我疑惑枷鎖的鑰匙，能還給你行動的自由，允許你展露真實的一面，釋放你的心靈空間，讓你把心力放在感興趣的事物上面。對每個人內在的創作者來說，這就是通往靈感與創造之路。

參與你身處的世界

我們每個人都努力想理解這個世界，包括我們在世間的定位，以及串連萬物的道理。從我們選擇述說的故事以及他人對我們講述的故事之中，我們對自己和周圍環境的認識都增加了。我承認我們自己的故事來由有時可能頗令人尷尬。我承認角色扮演不盡然是世界上最實用、最高貴無私的活動，我也不會欺騙自己，以為做這件事勢必能讓世界變得更好。不過，當我把心力用在吸引我的事物上，與他人分享過程與成品，**我**真正在做的是創造或可點燃他人心中靈感或創意的事物，就像他人的努力也可能點燃我心中的靈感一樣。時時留意我的祕密悸動，一直是不斷把我身為自造者的旅程交織在一起的那條線。做你感興趣的事，不該讓人感覺像是瘋狂的建議，但我們都知道這條路不是時時刻刻都那麼好走。

除了在心中找尋靈感，我也是自然靈感的堅貞信徒兼實踐者。傳奇民謠歌手伍迪・蓋瑟瑞（Woody Guthrie）的兒子亞羅（Arlo）本身也是厲害的詞曲創作者。他曾經說，他不認為歌是詞曲創作者寫出來的。「歌是水中的魚兒，」他說：「但你得把釣線拋進水裡。」他只消坐在河邊，把釣線沉入流水，三不五時就會有一首歌

游過。如果他夠幸運，或者夠有技巧，歌游出視線之前，就會先咬餌上鉤。當然了，就連他也承認，事情從來沒那麼簡單。「像在巴布‧迪倫的下游釣魚就不是個好主意。」亞羅下結論說。巴布‧迪倫不知為何，就是有最好的釣線、最好的魚餌、魚鉤和撈網，都是亞羅從來想像不到的裝備。誰能在巴布‧迪倫的下游**看見**一首歌，就已經是奇蹟了。

這個想法無疑很浪漫，但只限於一種情況，就是那些令人自嘆弗如的創作往往得自於自然的靈感和緣分。靈感可能忽然降臨，看似無意之間誕生的奇思妙想，結果卻能解決眼前存在已久的問題，令人很難不將它歸功於宇宙。當然了，能把突發奇想化為真實，事先通常已經做了很多的準備工作：鍛鍊該項技藝的技術面、深度關注最新發展、練習面對及解決日益困難的問題，以及對每日生活經過的世界抱持清醒的洞察。這些都是各行各業的專家常有的行動。他們往往在還沒想過要成為專家以前，已經充分實踐這些行為。

我還記得我第一個憑空冒出的靈感，發生在我五歲的時候。本來該睡午覺了（所有精采的冒險都發生在午睡時間），但我沒乖乖睡覺，反而抓著泰迪熊「叮噹」溜出房間──會取名叮噹，是因為牠耳朵上有個很吵的鈴鐺，經過計畫性報廢之後，已經從清脆響聲變成嘎拉嘎啦的聲音。我趁著沒人看見，偷偷溜進我爸的工作室。我們家在紐約州北泰瑞鎮，我爸把後院車庫改造成（小孩眼中）神奇的藝術工作室。裡面不只是辦公的地方，也是他的聖殿。他是畫家、動畫師、電影製片兼插畫家，工作室裡滿坑滿谷的書籍、紙張、墊板和畫布疊到了屋樑底下。此外還有大大小小各種顏色的顏料管，一盒盒炭筆、蠟筆、色鉛筆和草稿筆，加上工具、尺規，帶給他靈感的照片和畫作也散落一地。

　　一個好奇又有創意的孩子可能會想擁有的一切，都在那間工作室裡。我爸對進出工作室只有幾條規矩。我們全家都有共識，沒大人在的時候，不能進去亂翻東西，另外還有一條特別的禁令，不允許任何的「如果」或「但書」——**不可以碰單刃刀片**。從父母的角度來看，箇中道理不言自明。從孩子的角度來看，他可能會說那些刀片是萬聖節糖果和牙仙子的金幣做的，因為每次走進工作室，盒子裡的刀片總會在偌大的工作桌後方呼喚我。不過我每次都保持距離。不論那些鋒利的亞德曼合金薄片藏有多神祕的魔力，我更珍惜進入這個魔法空間的權利。

　　但就在我努力驅趕睡意時，我忽然對泰迪熊叮噹冒出一個靈感（五歲版的河邊垂釣）。這個靈感需要動用刀片。叮噹已經老了，右眼因為某天晚上離爐火太近被烤得變形，鈴鐺不會響，腳掌肉墊也已磨損，我想為我第一天擁有牠的樣子畫一幅圖，這樣牠在圖畫中就能永遠如新。

　　我從書架拖出一張圖畫紙，攤在我爸爸的桌上。我把叮噹放在紙張中央，仔細描繪出輪廓，再加上臉部特徵。我希望別人看了知道牠是誰，所以盡我所能（雖然不太理想）在一隻腳寫上「叮噹」，另一隻腳寫上「薩維奇」。我的字跡就是你含著水說話的聲音具現化成文字的樣子。接下來，我為熊熊的腳掌底部塗上黑黑的肉墊。我其實對泰迪熊本體做過同樣的事，而且還做了好幾次，但墨跡最後總是會磨到不見。看著圖畫上的黑色墨水慢慢乾掉，化成永遠不會消失的烏黑掌墊後，我抓起叮噹腳上最後依稀可見的殘餘肉墊比較一番。我一定是在這時候意識到，其實我能把紙叮噹做成我希望的任何樣子。

　　但做成什麼樣子好呢？消防員叮噹？不知道欸。比出空手道手

紙叮噹 · 薩維奇，約一九七二年。

刀的魔鬼暴警[3]叮噹？或許不錯。

　　我自己有了孩子以後才終於明白，孩子喜歡隨身帶著玩偶，道理其實是這樣的：玩偶是獨立於你的物件，但也是你的**化身**。玩偶既是海綿，也是鏡子。是你的一種投射。你用故事帶領玩偶前往的冒險，就是**你的**冒險。你在玩偶身上投射自己渴望擁有的所有事物、你喜歡自己的方面、不喜歡自己的方面。玩偶反映你的世界。

　　現在想想，這正是我對待叮噹的方式，因為我在紙叮噹身上加

---

3. 譯註：《魔鬼暴警》（*Action Jackson*）是一九八八年美國一部暴力動作喜劇電影，主角是一名作風剽悍的硬漢警察。

了一件潮流藍色背心、金色扣環的時髦皮帶，胸前掛著大大的超人標誌。你問為什麼？這個嘛，這些很顯然就是當時我自己想要的東西。我想要當超級英雄。我想⋯⋯我也不知道⋯⋯我想穿得像《全家福》（All in the Family）裡的呆頭麥可？（別笑我老土，那畢竟是七〇年代早期。）

每多添一件裝飾，紙叮噹就更像真的熊。更加像我。但牠依然困在長方形的土黃色紙張之中，永遠只能是一幅圖畫。如果我希望牠化為真實（天知道我多希望牠是真的），我就必須把牠從紙牢裡救出來。單刃刀片的女妖歌聲就在這一刻終於傳進我耳裡。我只需要從盒子裡抽出一片刀片，剝掉外層的保護紙殼，小心沿著輪廓把叮噹的身體割下來，牠就不再只是一張泰迪熊的圖畫，牠會是一張熊熊形狀的泰迪熊圖畫——而且是我的熊，叮噹・薩維奇。在五歲的我心目中，牠會變成真的熊。於是我向誘惑投降，而紙叮噹・薩維奇就此自由了。

後果我才沒空管，我跑回屋內向我爸炫耀我的熊。我猜，我可能希望他覺得我用的是剪刀，但他從叮噹的頸線，即頭和身體連接處的切割痕跡，當場就能看出我把熊解救到立體世界用的是單刃刀片。現在身為大人，我必須說，我其實滿佩服五歲的我，用單刃刀片居然也把輪廓割得挺好的。不過當時，我最大的反應只是很驚訝（也鬆了口氣）爸爸竟然沒生氣。他甚至還很滿意我的創作，親自裱框掛起來，所以我才會到今天還留著。

我之所以能夠逃過責罰，我猜是因為我雖然違反使用工作室的基本規定，但我實際上發揮了那個空間的真正用途：我跑進工作室有具體的目的，而且很明顯沒有亂翻東西。我想到一個靈感，然後動手執行。童稚的好奇心第一次引導我動手創造，而非動手搗蛋。

只是這麼簡單,而且正是我爸爸期待已久的轉變。當轉變到來,規定也跟著鬆綁,我獲得更多的信任和使用空間的權利,而且當時的我還不知道,我一生的創意探索也就此展開。

類似的靈感何時會突然降臨,我從來無法清楚判斷。靈感往往來得不知不覺,但我漸漸能夠適應它的到來,因為我很努力和我生活的世界保持連結。這是很不容易的一件事,年輕的自造者尤其難做到。相信我,我很清楚,我也年輕過。每當在你心中喚起悸動的興趣受到嘲笑或鄙視,你直覺會想逃跑,遠離那些取笑你的人,也因此你與世界孤立,寧可桀驁不馴,擁抱寂寞,走向厭世。簡單來說,就是變成史密斯樂團主唱莫里西。[4]但我不認為靈感之泉會流向孤單的住所。孤立代表荒蕪,代表不育。把你充滿創意的時光花在孤單之中,只會害你內在的自造者枯竭而死。

你必須深入挖掘

留意帶來悸動的事物,帶我走上最終抵達cosplay的道路。與周圍環境互動則打開我的眼界,看到源源不絕的靈感。但尋找靈感其實還有一種方法,隨著我年紀漸長,經驗的事情多了,我愈來愈倚賴這個方法,那就是鑽進兔子洞的最底部。我的意思是,在力所能及的範圍內,盡可能深入研究你真心喜愛的某件事,你無法不去想它的某個東西。我就是用這個方法培養了另一個抒發創意的出口兼嗜好:複製電影道具。

---

4. 譯註:史密斯樂團(The Smiths)是一九八〇年代英國搖滾復興的代表樂團,《NME》雜誌譽之為史上最具影響力的樂團。主唱莫里西(Morrissey)也是歌曲作詞者,有憂愁陰鬱的形象。歌詞富有故事性,細膩抒發個人情感之外,也常表達對社會現況的不滿。

　　我對電影和電影院作為傳播媒介的喜愛，向來不是祕密。我心目中的電影導演四巨頭，像美國總統雕像山的石像一樣齊頭鼎立，除了雷利・史考特（Ridley Scott）、泰瑞・吉廉（Terry Gilliam）和吉勒摩・戴托羅（Guillermo del Toro），再來就是史丹利・庫柏力克（Stanley Kubrick），他是四人當中對我啟發最大的導演。對社會的辛辣評論、意味深長的幽默、包容人性怪癖和缺陷的愛，這些元素深埋在庫柏力克的每一部電影裡，總能使我產生共鳴。

　　二〇一三年，我去洛杉磯郡立藝術博物館（Los Angeles County Museum of Art, LACMA）參觀庫柏力克特展。展覽由館方與他的家屬密切合作策畫，我希望這代表參觀起來會有那種深陷其中、彷彿跳進兔子洞的體驗，我對深感興趣的對象常常有此期待。

　　我錯了。展覽比我想的好上更多。

　　參觀LACMA的庫柏力克特展簡直如入寶山，這位導演從影生涯以來所有寶貴的物件全都擺出來了。現場有他每部電影製作環節的相關物品：史丹利手寫註解的劇本、寫滿拿破崙生平研究筆記的索引卡、服裝道具、攝影機和鏡頭、分鏡圖、袖珍布景、令人驚喜的幕後影片。對喜歡庫柏力克電影世界的影迷來說，這場展覽絕對令人耳目一新。

　　那一天，我很早就抵達博物館，以便有充裕的時間看個仔細。我放慢腳步，慎重地走遍整個展廳，確保我端詳每張照片，吸收每個袖珍模型的細節，現場每支影片的每一格畫面也都看個徹底。所有一切都令人興奮。但其中一個道具，獨一無二的**那個**道具，狠狠擊中我內心的自造者。我花了很多時間對現場陳列的史丹利個人攝影設備拋媚眼（《亂世兒女》用的鏡頭欸！），繞過下一個轉角，就看見一個大玻璃陳列櫃，裡面滿是《奇愛博士》的相關器材道

昆少將的求生包外觀貌似樸素，親眼看到卻有不可思議的魔力。

具。就在那裡，櫥窗的正中央，擺著昆少將的求生包——那是這部荒謬絕倫的電影裡一個小而迷人的道具。

　　求生包裡面有什麼？電影接近尾聲時，我們才會首次也是唯一一次見到求生包登場。這時候，昆少將會說：

　　「檢查求生包內容。你有：點四五口徑自動手槍一把、彈藥兩盒、四天份真空戰備糧餉；藥品一組，包含抗生素、嗎啡、維他命、興奮劑、安眠藥、鎮靜劑；一套袖珍版俄語片語字典和《聖經》；值一百美元的盧布、值一百美元的黃金；九條口香糖；一盒保險套、三支唇膏、三雙尼龍絲襪——哇，男人有了這些東西，夠他在賭城爽過週末了……」

　　多帥的清單！

　　事實是，直到這一刻以前，我只在電影裡看過充作敘事工具的昆少將求生包。現在看到實物擺在眼前（何況盒內物品的實體也在

裡面），劇烈的悸動竄過我全身上下。我從十幾歲到二十來歲開始就很熟悉這個感覺，那時我住在布魯克林區，常在紐約大學電影學院裡外消磨時間，替朋友拍攝的學生電影製作場景和道具。每次冒出這種感覺，我就會忍不住問自己：「假設我也做一個呢？」答案一向是：「何必假設？！？」靈感一旦找上我，我就非得做出來不可，哪怕從開始到完工得花上好幾年。

我在這本書還會提到很多次，愈是複雜多面的作品，我愈樂在其中。這件道具、這個庫柏力克的寶物，正投我所好。我透過在洛杉磯的人脈取得館方同意，一個月後閉展的隔天，我又來參觀一次。館長同意我戴上白色棉手套，查看及測量昆少將求生包現仍保存的每個組成構件。結果保存完好的部分不如想像中多。上述內容物可能只有兩成保留下來。看來我有得忙了。

我需要做的事，基本上就是深入研究。仿製求生包的念頭，是我深入研究庫柏力克特展的產物。實際把求生包做出來，則需要我深入研究求生包本身。

可是，這個深入研究到底是什麼意思？身為創客，意思是追問你對某物的興趣，拆解它帶給你的悸動。意思是搞清楚這件事物為什麼能抓住你的注意力不放。意思是容許自己投入那份陶醉。

我有一次問導演吉勒摩・戴托羅，依他來看，是不是所有好電影都有共同之處，讓好作品彼此產生連結。他說，局內人永遠不知道一部電影會不會是好作品，但可以確定的是，所有好電影至少都有一個大放異彩的人。通常是導演，但不見得每次都是。這個人經由生活、飲食、睡覺和呼吸，用他全部的熱情、創意和陶醉，把電影活成真實。

然而，對於這種近乎沉迷的興趣，我們這個社會抱持非常懷疑

1.

2.

3.

《銀翼殺手》主角瑞克‧戴克的PKD掌心雷（PKD Blaster）手槍：
第一版（1987）、第二版（1996）、第三版（2008）。

的眼光。從青少年時期及至成人以後，這種興趣常被視為次要，是一種累贅或折磨。坐在辦公椅上冷言冷語的診斷專家，能夠若無其事地把強迫型疾患這種真正嚴重的精神症狀與專注的熱情和信念併為一談，卻把對興趣的沉迷視為心理疾患。為事物著迷的人被形容成怪咖、上癮或失心瘋──真的，不管對什麼著迷都躲不過。我們甚至不接受有人可以為事物著迷、但心智健全。實在令人遺憾，因為論創意、論創造，論在任何方面有所成就，沉迷於興趣往往正是出類拔萃的種子，能激發新的靈感，使人要求自己以嚴謹的態度把發想化為成果，並鞭策人做到完成為止。昆少將的求生包有百分之八十已經隨時光湮滅，只有對興趣的沉迷，能將我推向不做出來不罷休的地步──不只要做出來，還要做到好。

我的朋友比爾・多朗（Bill Doran）深諳此理。他和我一樣是道具自造者，也是狂熱的角色扮演者。他和太太布莉特妮（Brittany）把對道具和cosplay的私心熱愛化為道具製作公司，名為Punished Props，此外還拍攝大受歡迎的教學影片，放上YouTube頻道。對比爾來說，興趣除了是靈感來源，也是前進動力，能對抗物理結構面上的失敗和扼殺動力的猶豫不決性格。

「不論自造什麼，不論你有多行，總會遇上不會做的東西，或是你的材料不對、時間不夠，或是隨便什麼阻礙。假如你沒有為作品獻身，假如你不是百分之百對它有興趣，你就會停下來。」比爾說出這段話的時候，我們正聊到他純粹基於興趣動手做的第一樣東西──第三人稱射擊遊戲大作《質量效應》（Mass Effect）中菁英人類士兵的裝甲。「但若我愛到過頭，中毒太深，絕對不完工不罷休，沒有任何事能阻止我把東西做出來。絕對沒有。」

我對昆少將求生包的感覺正是這樣。我對每一件親手製作的道

具，也都懷抱這種心情，從最早的一樣開始：《銀翼殺手》
（*Blade Runner*）瑞克‧戴克的掌心雷手槍。三十年來，我花了大
量時間改良這件道具的零件。事實上，從一九八五年第一次看《銀
翼殺手》到現在，我總共做了三個版本，每個都比前一版更精良，
更接近戴克的配槍真品。因為我的技術日益純熟，愈來愈曉得製作
道具武器所需要的技巧。

　　這三十年間，我從紐約搬到舊金山，以布景師的身分效力過無
數戲劇公司，也在傑米和其他人的工作室當道具師，製作過上百支
廣告。我在光影魔幻工業公司（Industrial Light ＆Magic）當模型
師，參與過十多部電影製作。我結了婚，有了孩子，與傑米一起錄
製長達十四年的電視節目，離婚後又再婚，期間沒有任何一件事能
把《銀翼殺手》的手槍趕出腦海。我的腦海深處其實無時無刻不在
做這把手槍。我不是實際在組裝零件，就是在重看《銀翼殺手》片
中這把槍特別搶眼的橋段，不然就是上網研究手槍製造技術，或是
在聯絡某個誰，他可能認識另一個人，對方又有認識的人親眼看過
或參與製作過原始道具，那個人說不定願意告訴我，當初是結合哪
兩把槍做出這把酷炫科幻武器。也因此，我做的最後一個版本幾乎
已經跟原版一模一樣了。

　　就是這股沉迷把我帶向庫柏力克特展，看到求生包和其他周邊
的物件。而我帶進製作複製道具裡的，也是這一股沉迷。

　　當我深入研究細節，有個後設問題也慢慢在腦中成形：為什麼
當初電影裡要有求生包這一幕？求生包向我們傳達了什麼訊息，重
要到庫柏力克一定要放這個橋段？有些人可能沒看過，《奇愛博
士》是一部黑色幽默電影，敘述對核子武器的誤會引發了世界末
日。劇中神經質的將軍認定俄國人想竊取他寶貴的精液，因此觸發

一連串事件，導致美國派出轟炸機飛往蘇聯投擲核子武器。各國首領為化解危機鬧得人仰馬翻，總算召回了轟炸機。唯獨一架飛機中彈，機身受損，只能飛行在離地兩百呎高度以內——美國和蘇聯的軍事雷達卻也因此看不見也聯絡不上這架飛機。英勇的轟炸機組員在昆少將的率領下，依舊奮力操控飛機，飛往最後目的地。即使這八成是一趟有去無回的任務，機上組員仍然盡忠職守，執行所有指令。其中一項指令就是確認求生包內容物，以防必要時必須跳機逃生。由典型好萊塢演員史林姆‧皮肯斯（Slim Pickens）飾演的昆少將，透過無線電一一報出求生包的內容物，畫面同時穿插他的機組員認真聽從指示，檢查包中物品。這古怪又可愛的一幕，出現在電影將近尾聲，讓觀眾在緊張的情節之間獲得片刻喘息。幽默感十足，但也帶有深沉的哀傷。眼前這群人正駛向幾乎注定的毀滅，卻還在數有幾條口香糖和幾雙絲襪，以專業的冷靜克盡職責，成為整部電影中獨特的場景。

　　我後來推論，轟炸機的機組員之所以是整部片中最專業能幹的角色，絕非偶然。我認為庫柏力克希望觀眾意識到，戰爭的悲劇就在於發起者往往是笨蛋，卻總要由專家執行。庫柏力克也很明顯喜歡老套對白，他的電影幾乎每一部都有某種形式的老套對白。這些對白不見得能推動劇情，卻能讓人深入洞察劇中的世界。

　　我想到的第二個問題是：求生包中裝的為什麼是這些物品？作為研究一環，我收集許多因應各類狀況配發給駕駛員和飛行員的求生包，依照年代排列，從第二次世界大戰起，到《奇愛博士》假定發生的年代過後。我發現庫柏力克製作團隊考據做得很好。昆少將列出的物品在當時任何一種求生包中都會出現，但是唇膏、避孕用品和尼龍絲襪，這幾樣東西聽起來就有些古怪了。這些絕對不是一

般實品裡會有的東西。[5]

　　所以問題接著變成：庫柏力克放入這些東西的用意是什麼？我個人認為，他是為轟炸機組員可能生還多埋下一段伏筆。他用他創造的荒謬絕頂的世界暗示我們，美國飛行員為了順利逃脫，可能需要用黃金賄賂俄羅斯人，或者用唇膏和絲襪賄賂俄羅斯**女人**。單單多加入這幾樣物品，庫柏力克的頭腦已經在我們的腦海深處為他的荒謬意象另外3D列印出一層劇情（飛行員若真能生還，他們會如何逃脫？）。

　　我不是平白無故問自己這些問題。它們都是在我盡可能不放過每個細節、深入檢查一件看似平凡的道具之後才冒出來的。我在探索至最深處找到答案，而這些答案又反過來告訴我，該如何複製求生包及內容物、該用什麼材料、這些物品又為何重要。仿製求生包這個靈感，源自我對電影幻想敘事的著迷，以及我對於理解象徵意涵的深厚興趣，我好奇它們本身的意義和對我而言的意義。順著調查和仿製的路往下走，我對一位電影導演多了更深入的全新洞悉，我發現他的作品始終迷人，始終予人啟發。乃至於往後多年，我以庫柏力克為靈感又繼續做出更多複製道具。

擁抱你的頭腦

　　我一再發現，要做出任何好的作品，除了需要好的靈感，還需要用真心希望作品優秀且誠實的態度去對待靈感。以我來說，我的靈感最常誕生在我對自己、對世界，對周遭環境、所屬文化和自身

---

5. 軍人會配發保險套沒錯，但至少就我所知，從來不會出現在求生包裡。

興趣的嚴格檢視。每當遇到他人作品在內心深處感動了我——不論是故事中某個角色，或電影裡某樣物品，我對扮演該角色或複製該物品的渴望，追根究柢，只是想要剖析並理解我為什麼會受到感動，然後以具體的形式留住靈光乍現那一刻的故事。但我也發覺，生成靈感與發想創意的過程，之於每個人、每一種創意表現形式都各有不同。

　　我之所以想到我的故事，之所以獲得自造靈感，常出自我對電影的熱愛。但你的靈感可以來自任何地方。靈感就在那裡，隨風飄蕩。是你的興趣和愛好形成重力，把靈感拉向你，成為你的發想。你若感受到那股拉力和吸引力，隨之而來有什麼抓住了你的好奇心，**請・好・好・注・意・它**。敏銳地聆聽興趣發出的訊號，是身為創造者的責任，不管你是正在建立假說的科學家、面對空白畫布的藝術家，或是揣著一把沉默吉他的吟遊詩人。我們都有頭腦，也因此有創造不凡事物的能力，但如何運用頭腦，取決於每一個人。

　　除此之外，入門沒有其他魔法祕方，我發誓。只要你參與周圍的世界，留意令你感興趣的事物，追隨事物帶來的悸動，永遠不要害怕深入探究，為之沉迷也無妨，鑽進兔子洞的最深處，有必要的話，把始終在洞中等待你的那個絕妙靈感給找出來。

2

—

製作清單

把複雜變簡單正是清單有別於其他計畫工具的能力，
而且不限於創作之初，在創作過程的每個步驟都派得上用場。

　　年輕時，誰要是跟我說動手做之前要先列出待辦清單，我一定
會不假思索地拒絕。列清單簡直是掐死創意！清單是那個重秩序、
守規矩、講標準的保守宇宙發明出來讓人變笨的工具。創意是彩虹
與大地相連之處，是電流奔竄、乘著想像力羽翼飛翔的靈魂之旅的
概念。用清單這麼基本又平庸的東西剪斷那雙翅膀，不僅是罪過，
更適得其反。列清單會拖慢步調，儼然是立在靈感誕生那瞬間和創
造過程之間的一道阻礙。

　　我相信很多玩創意的人，人生當中都曾這樣看待清單之類的計
畫工具。計畫是父母才做的事。只有會計師、老師、官僚和其他所
有壓迫創意的代表，才會使用清單！但聽我說句話吧：清單不是創
造過程以外的東西，清單其實是創造過程的固有環節。不論我們喜
不喜歡，清單都是大小企劃中本來就存在的一部分。我高中剛畢業
住在布魯克林區那時，只是個改造現成品的年輕藝術家，我始終堅
持原則，拒絕在執行企劃前先列出具體清單，但我的腦袋每次都在

我動手前,自動將眼前所有的材料分門別類。什麼是分類,不就是系統化的清單嗎?

我現在很喜歡清單。我喜歡詳盡的長清單,也喜歡龐大蕪雜的清單。我喜歡把未整理的清單整理成大綱,再依照主題各自列成子清單。我每一個作品企劃都包含製作清單,目的自然是為了有條有理,但也是為了評估、為了動力,用來抒發壓力,而且很違背直覺的是(至少對十八歲的我來說),還能用來增進創意、釋放想法。我有日常的清單,有作品清單,有「待買物品」清單。我把想彙整的研究片段列成清單,把合作夥伴列成清單,也把他們作品中需要我協助的部分列成清單。我用清單列出該買的東西、該找的東西、東西什麼時候會到我手上。最後——希望是最後了,還有「即將完工」清單,告訴我終點就快到了。我知道,這聽起來很像蘇斯博士(Dr. Seuss)會做的事。這樣比喻也不離譜;若說清單有何貢獻,它確實讓作品多了正當的理由與基礎,不論作品是大是小。

我第一次發覺自己天生便受清單的吸引,可以追溯到好久以前。一九七九年,我十二歲,父母替家裡裝了有線電視。在那之前,我和所有同齡孩子一樣,只有六到七個電視頻道能看。除了三個全國聯播電視網——CBS(哥倫比亞廣播公司)、NBC(國家廣播公司)、ABC(美國廣播公司)和PBS(公共廣播公司),就是電視天線在超高頻無線電波段的荒原中能收到的任何雜訊。十年後,惡搞歌手「怪人奧爾」揚科維奇(Weird Al Yankovic)的同名音樂錄影帶,會讓「超高頻(UHF)」一詞流行起來。[1]但有線電視!天啊,那才叫作神奇,從一開始就有五、六十個新頻道可探

---

1. 你看,我一不注意又列出一份清單。

索。我跟郊區每個小屁孩一樣，每天努力在節目表中挖掘全國聯播網看不到的節目。

　　沒多久，我就挖到了金礦。我在《大特寫》（*The China Syndrome*）「雞屎不如的混蛋」（chicken shit a-holes，至今仍是我最愛的電影髒話）中，找到我的寶藏。一九七九年上映的這部核災電影，由珍·芳達（Jane Fonda）和麥克·道格拉斯（Michael Douglas）主演，同年末在有線電視播出。不過，擄獲我想像力的不是關於核子毀滅的緊張描述，而是那些**髒話**！對一個十二歲小孩來說，見到電視上的人罵髒話，簡直是比預見原子彈毀滅地球的景象更大的啟示。全國聯播網只呈現淨化過的現實，在當年不曾真正引起我的共鳴，但有線電視是一扇窗，開向真正存在的世界。附近沒大人的時候，操場上年紀大一點的孩子就是這樣說話的。父母的朋友每個月來家裡聚會吃飯，以為小孩子都去睡了以後，也這樣說話。我父母在我面前也這樣說話（藝術家嘛！）。有線電視上的人、那些會罵髒話的角色，就是比較真實。

　　何況還有喬治·卡林（George Carlin）。

　　前一年，卡林為剛成立的HBO有線頻道推出他的第二集單口喜劇特輯〈喬治卡林又來了！〉（George Carlin: Again!）；最後播了十四集，非常精彩。包含第二集在內的前三集相當有名，收錄他在一九七二年發行的專輯《班上的小丑》（*Class Clown*）當中知名曲目〈永遠不能在電視上說的七個詞〉（Seven Words You Can Never Say on Television）的加長版。我不會在這裡把那些詞列出來，網路就是發明來讓你自己查的。但你應該能想像，聽到那七個照理永遠不該出現在電視上的髒字一遍又一遍重複，逗得觀眾哄堂大笑、掌聲不斷，對十二歲的我來說簡直心馳神往。

後來更精彩。他向觀眾透露，那七個髒字只是「我的原始清單，我知道還不完整，不過是新手入門包。」接著，他嘩啦嘩啦又補充了二十五個新髒話。這些不堪入耳卻令人讚嘆的字眼，很多我聽都沒聽過。我的腦袋瘋狂運轉。太強的髒話了！我想要這份清單。但光用說的很簡單。

那個年代離數位硬碟錄影機問世還很遠，簡陋的大眾版錄影帶錄影機也才上市幾年，而且貴得令人卻步。如果我想要那份髒話清單，只能等待電視重播卡林的喜劇特集，手上拿好紙筆，用最快的速度把他飆出的髒話抄下來。最後二十個髒字他大概只用了三十秒，很多還被觀眾的笑聲給掩蓋，聽不清楚。為了確定全部抄到，我在一個月內起碼把同一集重看了六次，順便校對先前記錄的清單，確定沒有抄錯。沒錯，髒話清單有趣就有趣在它的離經叛道，但最吸引我的地方是，它是兒時的我所能想見最完整的東西。我不可能擁有所有的樂高積木，或《星際大戰》所有的角色公仔，這兩樣是有線電視元年前一年（一九七八年）我最愛的另外兩項休閒娛樂。甚至可以說，髒話清單是我真正擁有的第一件**收藏**；現在回想起來，我才明白，我心中的完整控就是在那一刻冒出來的。

你使我完整

我的收藏癖之前也浮現過一次，只是當時我還不清楚是怎麼回事。在我更小的時候，我姊姊克莉絲有一個五千毫升的巨大錐形瓶，裝滿美分硬幣，最早的能追溯到一九三〇年代。每次她去上學或和朋友出門，我就會偷溜進她的房間，把所有錢幣倒在地毯上，依照年份分成一堆一堆，看看有沒有（對我來說）稀有的林肯美分

硬幣，同時希望硬幣年代能不間斷地排列下去。她的收藏很酷，只是年代之間總有空缺，這就不酷了。每發現一個空缺，我就感到非常焦慮，那代表她的收藏距離完整又更遠了一步。這怎麼可以呢？

我對完整收藏的執念在青少年時期不斷擴大，及至成年依然持續，也最常表現在電影道具上，確切來說，是**沒人**付錢要我做的電影道具。當我著迷於特定一件道具時，我的興趣從來不只停留在道具本身，我會想瞭解關於道具的一切，包括它存在的時空、互動過的人事物。

是什麼時候開始的，我已經忘了，但我很迷庫柏力克的電影《二〇〇一太空漫遊》（*2001: A Space Odyssey*）當中的太空裝。二〇一五年，我終於仿製出其中一套。不過，不是發現號太空船組員穿的鮮豔原色太空裝，那些早有愛好者仿製過很多次了。我選擇的是不曾見過有人仿製的一套服裝——在電影前半段，海伍德·佛洛伊德博士在月球克拉維斯基地穿的銀色太空裝。

這套銀色克拉維斯基地裝，內建了冷卻系統，特色是光亮的銀白頭盔和細節滿分的前後背包，由美國太空計畫工程師及科學家聯合開發，看上去和所有的電影太空裝一樣正統。我首先委託麥克·史考特（Mike Scott）製作太空裝的主體，他精美仿製過許多《二〇〇一太空漫遊》的服裝和頭盔，但之前從沒做過這套銀色太空裝。等他負責的太空裝組件到齊之後，我接著做出後背包、內建的冰水動力冷卻系統，以及賦予太空裝逼真未來主義外觀的大部分鋁合金機械零件。

製作過程前後總共花了近四年，歷經數百小時的研究，列了幾十份清單。我鑽研最微小的細節，調查庫柏力克本人做的研究，瞭解他的構想與美國太空總署對太空旅行的想法是如何接合在一起，

二〇一五年聖地牙哥國際漫畫展，國際太空站前指揮官克里斯・哈德菲爾（Chris Hadfield）跟我一起穿著克拉維斯基地裝走進會場。對了，左邊那個襯衫皺巴巴、笑著看我們經過的人，就是《火星任務》（*The Martian*，改編電影譯名為《絕地救援》）的作者安迪・威爾（Andy Weir）。

服裝配件又應該是什麼樣子。我想瞭解這身設計背後的邏輯，假如把電影看過一千遍，仍無法充分掌握某個零件的細節，至少我還有堅實的理論基礎可以參考複製。沒想到，就在我真的把電影看了一千遍的同時，我漸漸迷上佛洛伊德博士的宇宙中另一個不相干的物件——他的午餐盒。

　　佛洛伊德博士與同事搭乘月球巴士，前往克拉維斯基地探查黑色巨岩的途中，從餐盒中取出午餐來吃。八角筒形的白色餐盒造型冰冷，單側有一個大寬扣，附有同樣是幾何造形的可掀式盒蓋。每次重看電影，我一遍又一遍端詳這個餐盒，愈看愈覺得這明顯是個現成品。換句話說，本來就有這個產品，只是電影道具師加上了特

製壓扣，把用途改成午餐盒。我至今仍深信不疑，但上網爬了再多文，看了再多文獻，也沒找到任何相似物品。我找遍一九六〇年代初期的尖銳廢棄物集中桶、自行車和摩托車置物箱、便當盒，也把所有可能的物品列成清單，上拍賣網站逐一搜尋，用不同組合的關鍵字起碼搜尋了兩、三百次，盼望更接近答案，但依然一無所獲。

我心中的收藏控不肯善罷干休。我一旦中了蠱，想完整呈現腦海中《二〇〇一太空漫遊》佛洛伊德博士的相關場景，我就甩不去我的渴望、**我的需求**。我想擁有一個他的餐盒。既然買不到，那只好自己從無到有生一個出來了。這正是我後來做的事。

但我沒有就此罷手。佛洛伊德博士掀開餐盒時，我們可以瞥見裡面有一張紙。我猜是餐盒內容物的申請單。佛洛伊德博士搭上接駁車前往克拉維斯基地前，想必呈交了一份三明治清單，請太空總署按照建議準備路上的食糧。我決定我必須連這份申請表也一起複製。我瀏覽了上百份美國太空總署的檔案文件，心中滿溢只有收藏控能體會的滿足感，直到有把握申請單應該長什麼樣子，也知道如何複製它。最後為了畫龍點睛，我套用一個很多雜點的修圖軟體濾鏡，讓表格看起來像是重複影印過無數次。我覺得這張申請表需要加上這點真實感，才像佛洛伊德博士身處世界裡尋常無奇的一樣物品。

收藏控和列清單形成一種回饋迴路：收藏控要有清單才能順利完整收藏，而列清單又

海伍德·佛洛伊德的午餐盒，收藏在我的工作室。

會引發收藏控——要是不能包含所有需要的東西，又何必列清單呢？怕只怕清單變成你所有創意努力的實質總和，那這個回饋循環引起的就是負面效果了。想想你認識的完美主義者，從最大到最小的細節，只要所有東西未按正確方式、照正確順序就位，他們就無法動工。

　　我的好友兼同事珍·夏克特（Jen Schachter），早年就和這種傾向纏鬥許久。珍是巴爾的摩一個創客空間「Open Works」的駐點藝術家，致力推動創客運動與教育、就業和平等的結合。「我思考了很久，那以前是我為之所苦的毛病，不只表現在創意工作，學術工作也是。」她告訴我：「每次我需要寫一篇論文或是發表報告，我總會執著於……別說完美好了，因為我從來不自認完美，但必須按照特定的方式走。我拚了命克服這個毛病，不然每件事都要花好

仿製的道具也是一張清單，簡直是我的夢想成真！

久，我本來能做得更快的。這種毛病真會讓人作繭自縛。」

收藏控絕對有可能傾向完美主義，形成負面的循環，但是把清單當作計畫工具也有妙用，而且是正面的回饋迴路。清單能確保你掌握作品的整體規模：用上的材料、需要的分量、可能需要協調合作的對象、組合材料的步驟。全部集中到一處，白紙黑字攤在眼前。這樣的清單不僅不會限制創意或妨礙製作流程，還能解開被封印的創造潛力，因為它釋放了你所有腦力，否則你還要花腦筋一一記住這些資訊。

馴服野獸

我是在一九九一年做出個人第一份專業清單時，學到了這件事。當時我二十四歲，與一群朋友在舊金山劇場界打拚，想讓我們成立的戲劇公司順利起步。我們一共五個人，拿彼此的名字做文章，自稱「V MAJEC」：V是羅馬數字的五，MAJEC音同英文的「魔術」，同時由我們每個人名字的第一個字母組成。二十四歲時，這種取名創意聽起來超酷，但是一到三十歲，你只會後悔當初沒有任由念頭閃現又溜走。總之，當時的我們有才華，有熱忱，有理想，野心旺盛，一頭栽進了戲劇事業，全心全意地付出。

我是場景建造的負責人。我的工作是備齊設備、搭建場景、製作道具、架設燈光，所有需要創客直覺的東西幾乎都歸我管。我們公司雖然小，這些差事並不輕鬆。第一場大型演出的前夕，我和我朋友史提夫在他位於舊金山柯爾谷瑞佛利街的家中，花了六個小時討論開演前要做的所有工作，以防掛一漏萬。工作量多得嚇人，我們一幕一幕、一個部門一個部門地討論，我也猛列清單，寫完一張

又一張,直到把所有清單再列成清單,寫了好幾頁為止。三更半夜,我彙整出所有該做的事,還是覺得有工作沒算進去。那怎麼行,所以我決定全部合併起來檢查。

我坐在客廳地上,把所有清單攤在面前,再用我最小的字體將內容一絲不苟地抄到一張紙上,我才能一口氣「看到」所有該做的事。這是很重要的一刻。我們的第一場戲此刻才真正在我腦中匯聚成形。不瞞你說,這並不是我抄寫清單的初衷。我把清單抄在同一頁、做成總表沒有預設目的,只是想馴服這頭野獸。然而,當這齣戲的所有環節完整呈現在眼前,事情自然而然就發生了。當我能夠看見整體,這齣戲也在我腦中化成一件可駕馭的獨立作品,不再是

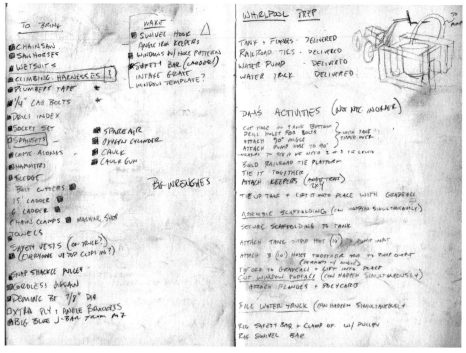

一份清單底下的各式清單。

數不盡、惹人心煩的個別任務。我很快意識到，這就是一份好清單具有的長遠效力。當你的企劃有如一頭待馴服的獅子，一份完整的核對清單既是皮鞭也是椅子，能夠逼迫獅子乖乖坐下。

小自個人創作如此，大至整個產業亦如是。列清單改變了許多產業，也改變從業者的人生。[2]在醫療領域，簡單的核對清單，如阿普伽新生兒評分表（Apgar score），拯救了無數寶寶的生命，也為無數的醫院省下了幾千萬。在航空界，把大量操作指引彙編成冊，已經儼如一門清單科學：要講究字體大小、經現場實測的易讀性，每頁可列的項目總量也有上限。這不只讓起飛、降落更有效率，萬一飛機故障，機上人員也更容易遵照各種緊急程序，克服不確定的變動情況，盡快讓全員安全著陸。不論是哪種情況，清單解決的問題，亦即那頭被馴服的野獸，是複雜。

我心中的創客深知，清單真正能發揮所長之處就在這裡，把複雜變簡單正是清單有別於其他計畫工具的能力，而且不限於創作之初，在創作過程的每個步驟都派得上用場。因為不管一開始把清單列得再詳盡，永遠會有疏漏，或者更常出現的是變化。這就好比設法測量海岸線——海岸線是碎形的，愈靠近測量，它就顯得愈長，你用以整合所有最新變動資訊的清單也是一樣。就這方面來說，假設我要衡量工作進展，清單就不太像是嚮導，比較像是地圖，貫串不斷變換的地景。認識我作品的人都知道，我特別喜歡精細複雜的作品。別誤會，多年來我也做過很多簡單的道具，例如《法櫃奇兵》電影裡的黃金神像，或是存放地獄怪客配槍「好撒馬利亞人」（The Good Samaritan）的槍匣。但複雜就像牽引光束一樣吸引著

---

2. 葛文德醫生（Atul Gawande）對此寫了一本精彩的書，名為《清單革命》（*The Checklist Manifesto*），很值得一讀。

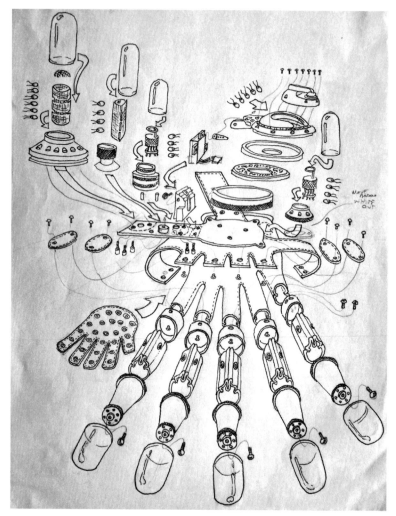

機甲手套圖示。

我，甚至把我引向另一件《地獄怪客》（*Hellboy*）的道具——拉斯普丁的機甲手套。

電影《地獄怪客》一開始，反派拉斯普丁造出惡魔之子地獄怪客，然後用無比精密的裝備，也就是機甲手套，將他從暗域送上凡

人的飛機。我為這件道具著迷了很長一段時間。二〇〇九年，我終於見到導演吉勒摩·戴托羅。當時他已經拍了幾部出色的電影作品，包括《羊男的迷宮》（*Pan's Labyrinth*）、《祕密客》（*Mimic*）、《魔鬼銀爪》（*Cronos*）、《刀鋒戰士》（*Blade*）。我大可和他大聊其中任何一部，我卻滔滔不絕說起我有多愛機甲手套。那是一件登峰造極的藝術傑作，是精密複雜的遊樂場，我這樣對他說。[3]吉勒摩的大鬍子底下有顆熱情的心，他立刻替我牽線，介紹麥克·伊利札爾德（Mike Elizalde）給我認識。原版機械手套就是麥克打造的……而且他還留著。

我後來一有空，馬上直奔洛杉磯，到麥克的工作室「幽靈動態」（Spectral Motion）拜訪他和機甲手套。麥克很殷勤地接待我，提供適當的參考資料、測量數字和專業建議，只要我有心，也能自行打造機甲手套。哼，別以為我不敢！

我仿製的機甲手套由六百多個零組件構成，花了將近四年完成，隨隨便便就動用了好幾百張清單，有待製作物品清單、待添購工具清單、待研究事項清單、可打聽資訊的對象清單。[4]我列出尚待解決的問題清單，遇到需要猜測的時候，也有指引我做決定的關鍵字清單。我列出能生產特殊零件的公司清單，有一些特殊零件，我自己沒有設備也沒有專門技術能做出來。[5]我甚至把某些清單畫成圖片的版本。有這麼多不同的零件，沒有一件重複，圖片清單成

---

3. ……我猜是這樣。也有可能我聊到一半就興奮得暈倒了！
4. 我每件複雜的作品都有，而且往往很依賴這份清單。像是最近做的一套太空裝，我每天傳簡訊騷擾太空人麥克·馬西米諾（Mike Massimino），問他穿那套橘色太空梭裝的時候，每個口袋都放了什麼。
5. 所有玻璃指套都委託一家厲害的公司 Adams & Chittenden 製作，柏克萊大學實驗室所有的客製化玻璃製品都是他們製造的。

管子的內部細節

指管直徑 1.5 吋，纏繞粗 0.035 吋的電磁線。底座刻有輥紋，管身略呈圓錐形，管尖有六個小的和一個大的黃銅螺絲釘。

管 1 直徑 1 吋，內部挖空，裝有一根真的真空管。

管 2 直徑 1.375 吋，和管 1 一樣內部挖空，裝有真的真空管。這兩根看似腸子的管子外觀幾乎相同。

管 3 直徑 1 吋，內部有三角折疊蝕刻的黃銅構造。黃銅材料取自模型火車。

管 4 直徑 1.25 吋，內部也有取自模型火車的黃銅，但和管 3 樣式不同。管內的黃銅分為三層，有篩網遮住末端。

管 5 和管 6 直徑都是 1.25 吋，尺寸與管 4 相同，代表兩隻手各有三根這個尺寸的管子。管內裝有雕刻鑄模特製的青蛙木乃伊，呈坐姿懸浮於液體中。

籠管直徑 1.3125 吋，兩隻手各有六根，五根短的、一根長的。

管 7 原本填裝著一顆球，上有一些玫瑰紅字體的設計，但為了電影拍攝，改填入類金屬液體，且內建幫浦，使液體在管內流動。我不太確定是怎麼做的。管徑 2 吋。

為馴服野獸的關鍵方法,如此一來,我才能理解這麼複雜的結構。

　　無論如何,不管我的清單以什麼形式呈現,作用都一樣,都是用來約束並控制龐大蕪雜、整理混亂、簡化複雜。更有甚者,我樂於挑戰的作品複雜程度還隨著年紀而增加,因為我分析複雜的能力也提升了,這幾乎都要歸功於我列過的這些清單。條列清單對排斥清單的人來說或許很花時間,但從計畫的角度來看,我還沒找到其他工具,能為你的作品和能力的活用帶來這麼好的成效。

左圖:向已故參議員史蒂芬斯說聲抱歉,不過我為機甲手套製作的這份表格,才真的是「大大小小的管子」。[6]

---

6. 譯註:美國參議員泰德・史蒂芬斯(Ted Stevens)曾在討論電信產業法規的演講中,誤將網際網路形容成「大大小小的管子」(a series of tubes),這個片語因此聲名大噪。

3

應用核取方塊

每位創客都應該學會為自己活化動力……
而填滿清單上的核取方塊所產生的動力，很可能就是你需要的燃料。

　　製作有用的清單是我這輩子都在精進的事，從很早就開始了。年輕氣盛時我滿腔熱血，只知道針對主題想盡辦法收集資訊。等年紀稍長，幸虧在平面設計界工作過幾年，我才懂得為清單多加一個妙用無窮的巧思。平面設計工作，講求盡可能立即有效地傳達重要訊息。我若希望清單及時傳達我需要的資訊，又不至於在過程中被資訊淹沒，清單就必須簡潔扼要。平面設計幫助我把重點放在用大綱或圖表形式來呈現清單，配上參考圖片，好去除我早年某些習慣造成的混亂。別誤會，以前那些凌亂的清單還是有用，任何清單都勝過完全沒有清單。但清單愈清楚，效果愈好，我的生產力也愈高。而後在一九九八年，我加入光影魔幻工業，在《星際大戰首部曲：威脅潛伏》（*Star Wars: Episode I—The Phantom Menace*）劇組擔任道具師，我的清單製作功力大躍進。我發現了核取方塊。

　　我進入光影魔幻時，核取方塊已經是公司內部慣用的作法。我是在約聘初期的某一天發現它的。我站在主管布萊恩・傑南德

（Brian Gernand）身後，看他一條條寫下我往後該做的事。他在清單每一行項目的左邊，畫上一個個小方塊。有的空白，有的塗黑，還有一些只塗黑一半。寫完之後，我問他方塊是做什麼用的，以下是他的解釋：

■ 待辦事項完成，他會把清單上對應的方塊塗黑。
◪ 只完成一半或八成以上，他會斜向把方塊塗黑一半。
□ 還沒開始做，或是還沒有一定的進度，方塊則保持空白。

　　布萊恩是我效力過最棒的主管。我在光影魔幻的道具工作室，見過他管理少至六人、多至幾百人的道具組。負責的若是大案子，如電影長片，每位道具師都得配合使用每天、每週，乃至於每個月的待辦清單，製作期有時長達兩年。那些清單囊括為數龐大的小細節。像是製作《星際大戰首部曲》的清單，簡直是饕餮般的怪物。主管的職責是縱觀全局，不難想見有多麼容易被細節吞沒。然而，布萊恩的三階段核取方塊法，讓他在任一天的任何時刻都能一眼看出每個案子目前的進度。

　　這個簡潔又省力的計畫方法，當下令我嘆為觀止，特別是用來評估長期計畫的進度。清單的用處在於釋放腦力、投入創意發想，在紙上界定作品的範圍和規模，頭腦就不必死記那麼多資訊。核取方塊的妙用則在於，它能在進度追蹤上達到相同成效，讓你掌握進度，又不必費心記住每件事進行到哪裡。

　　我隨即把核取方塊納入我的方法，我的工作習慣也在一夕之間改變。從那一天起，我每天都會列出一份附上核取方塊的當日目標清單，留意當天目標是否符合整體進度。每一天的目標清單則會參

核取方塊清單可以看到作品的每一個面向。

考前一天的清單，只把尚未開始或部分完成的項目轉移到今天的清
單之下。這個方法好極了，我得以掌握每天、每週、每個月，乃至
工作的總體進度。只是我也因為太拘泥於用清單記錄進度，在公司
意外出了名，偶爾甚至淪為同事捉弄的對象。某天早上，我走進工
作室，挽起袖子準備寫下當日的待辦清單，赫然發現前一天的清單
上多了幾個「未完成」項目：幫麥克‧林奇買便當、給布萊恩十塊
錢。哈哈哈！

　　對我來說，再怎麼強調核取方塊的效力和意義也不為過。一方面，如我先前說過的，這關乎我心中的收藏控。列清單最開心的一件事，你應該猜到了，就是把做完的劃掉。但若實際拿筆把項目槓掉，字跡就會變得難以辨認，要看到計畫內容會有些難度；至少對我來說，感覺就不完整了。核取方塊允許我劃掉項目，又能夠清楚看到我**確實**劃掉了，同時完整保留了資訊，不再增加解讀清單的認知負擔。

　　核取方塊也消減了我面對創意時，在物理相關作法上固有的緊張感。在我腦中，我利用清單來描述並理解一件作品的質量，包括它在現實環境占有的規模和重量，但核取方塊還能描述作品的動力。而動力是完成任何事的關鍵。

　　但動力不只關乎物理，也和心理有關，對我來說還關係到情緒。每天動工前，看到清單左側已有那麼多塗黑的核取方塊，讓我獲得滿滿的能量。乃至後來大家都知道，我會在清單加上已完成的事項，只為了讓塗黑的方塊多於空白方塊。這種向前進展的感覺，讓我願意充滿熱血地埋頭苦幹，哪怕是單調冗長的作業，或看似永無止境的龐大作品——我在光影魔幻期間，這兩種工作都非常多。有為了銀行廣告製作的六呎高巨型吊車，高如摩天大樓；我們耗時八十小時進行雷射切割，又花了好幾個星期組裝，才做出那近乎不可能的尺寸。也有為電影《驚爆銀河系》（*Galaxy Quest*）打造的瑟米星人傳送站，由數百片背光窗玻璃組成，每扇窗戶後方都站著一個瑟米星人的小人影。

　　對於每一件作品，不光是捕捉及駕馭動力，還包括製造更多的動力，才是讓我每天早上甘心直奔工作室的原因。日復一日，我雙腳踏實，心思與作品指向正確的方向。這麼說或許好笑，但我已經

習慣訓練自己當自己的打氣機。我認為每位創客都應該學會為自己活化動力，因為你不能期待每次撞牆或半途陷入低潮，必定會有外在的動力來源可以依靠。你需要為自己創造動機走下去，而填滿清單上的核取方塊所產生的動力，很可能就是你需要的燃料。

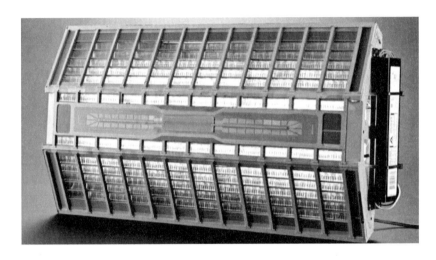

《驚爆銀河系》中的瑟米星人傳送站。

我怎麼列清單

說到克服阻礙，海地人有一句諺語很有名：「山外還有山。」這句話的智慧也可以套用於自造：清單之內，還有清單。從最簡單到最複雜的，每件作品莫非如此。這也讓許多創客在作品抱負日大的時候，興起一個重要疑問。假如清單的用意是馴服計畫，那又要怎麼馴服一份可以分解成無限多更深層次的清單呢？我一輩子都在努力馴服這匹野馬，設法將牠趕進馬廄。以下是我想出的辦法。

第一步：大腦的垃圾坑

我的方法不是一件作品列一張清單，而是隨著製作進展，陸續列出一系列清單，協助我界定作品的走向。第一批清單是汰選的過程，首先我需要掌握眼前這件作品的範圍，對整體有全盤的理解，而第一步就是為頭腦挖一個大垃圾坑。我會坐在家中的書桌前或工作室的板凳上，把想到的東西全部寫下來。亂七八糟也無妨，就算偏離正題，只要我想得到的都寫在紙上。結果簡直是一團亂，但那正是我的目的。

凡事在初始階段，總是製造令人費解的一團混亂。故事天才安德魯・史丹頓（Andrew Stanton）是動畫《玩具總動員》和《怪獸電力公司》系列作的共同編劇，也為皮克斯動畫公司執導《海底總動員》及續集《多莉去哪兒？》。他和我聊過列出作品構成要素這個初始階段。不久前，他在一個社團當顧問，成員正處於創作初期。他對大家說：「我希望大家能先有個共識，接下來產出的東西勢必很爛。不管我們現在討論了什麼，也不管大家有多興奮，請各位都要明白，接下來一定是一團亂。」所有人霎時愣住，納悶他是

不是瞧不起他們的企劃。他說不是，他只是想讓大家知道，只要是有一點複雜的作品，在初始階段絕不會長得像後期的樣子。他希望放鬆社團成員的壓力，深怕有人以為一開始就要追求高標準。

　　自造也是一樣。《Make:》雜誌創辦主編馬克‧佛蘭費德（Mark Frauenfelder）就堅持：「任何作品開始製作前，企劃最少要反覆修正六次，才可與人分享。」第一次修正，我稱之為大腦垃圾坑，馬克則比喻為「速產垃圾」。

　　假設我要做一把雷射槍，我腦坑中的速產垃圾大概長這樣子：

☐ 槍枝	☐ 皮帶固定插銷
☐ 槍托	☐ 槍匣
☐ 瞄準鏡	☐ 量計
☐ 槍套	☐ 扳機護環
☐ 電子零件	☐ 彈票
☐ 燈具	☐ 扳機
☐ 音板	☐ 調整環
☐ 音檔	

　　這頂多只是一份寫出來拋棄用的清單，因為既欠缺先後順序，也沒有認知到每個項目各自又包含很多構成要素。這份清單不僅不完整，還令人望而生畏，正好和我腦袋的狀態一樣。看著這樣的大腦垃圾坑清單，感覺就像出了幾天遠門，只留下孩子看家，回家後一走進廚房，彷彿步入了重災區。但也不是無法回復，我知道該怎麼做，只是看到眼前整個沉重的任務……要做的事情之多，把我給震懾住了。別誤會，大腦垃圾坑仍是一份有用的清單，只是不能以

目前的形態存在，它只是過程的第一步。

第二步：切成大塊

　　第二步是動手把方才龐雜的清單切成可以掌握的大塊。以雷射槍的腦坑清單為例，我已經看出能拆分成幾個向下細分的大類，如槍體、槍匣、槍套等。所以現在列出腦坑清單之後，我會馬上著手重寫。這次比較有綱要的樣子：

☐ 槍枝
　☐ 握架　　　　　　　☐ 量計
　☐ 扳機　　　　　　　☐ 瞄準鏡
　☐ 扳機護環　　　　　☐ 槍身
☐ 槍枝電子零件
　☐ 燈具　　　　　　　☐ 啟動電路
　☐ 音板　　　　　　　☐ 微動開關
　☐ 音檔　　　　　　　☐ 音量調整器
　☐ 揚聲器
☐ 槍匣
　☐ 外盒　　　　　　　☐ 內部格局
　☐ 標籤　　　　　　　☐ 說明書
　☐ 內襯
☐ 槍套
　☐ 皮套　　　　　　　☐ 皮帶扣
　☐ 金屬標　　　　　　☐ 關釦
　☐ 皮帶固定插銷　　　☐ 圖案
　☐ 皮帶
☐ 彈藥
　☐ 子彈　　　　　　　☐ 電源組體
　☐ 彈匣　　　　　　　☐ 充電零件
　☐ 圖案

第三步：分出中塊

　　區分出大塊並初步列出細項後，我會再利用子分類把組成項目重新整理成中塊。以最上面的「槍枝」區塊為例，分出細項後，我一眼就能看出這些不相關的項目，主要可分成三個子分類：一、槍身本體。二、槍身電子零件。三、槍身圖案。

□ 槍枝
　　□ 主體
　　　　□ 3D 列印　　　　　　　□ 機械切割鋁
　　　　□ 黃銅零件
　　□ 握框（鋁）
　　　　□ 鋁
　　　　□ 機械切割的開關縫隙
　　□ 握把側面
　　　　□ 鎖上連接用螺絲突座
　　　　□ 買不鏽鋼平頭螺絲
　　　　□ 鑽螺絲孔
　　　　□ 刻紋／圖案（黃銅？）
　　□ 扳機
　　　　□ 扳機裝置
　　　　　　□ 彈簧　　　　　　□ 配線
　　　　　　□ 微動開關　　　　□ 撞針動程
　　　　□ 扳機護環（不鏽鋼？）
　　　　　　□ 前／後接環
　　□ 左側量計
　　　　□ 可拆卸，供細部加工
　　　　□ 鹽座
　　　　□ 圖案
　　　　□ 量針
　　　　　　□ 啟動伺服器（微型）
　　　　□ 調整器

- ☐ 瞄準鏡
  - ☐ 透鏡
  - ☐ 筒身
  - ☐ 底座

- ☐ 電子零件
  - ☐ 燈具
  - ☐ 開關
  - ☐ 筒身內配線

- ☐ 調整旋鈕
  - ☐ 滾花鋁（車床）
  - ☐ 圖案
  - ☐ 電位計
  - ☐ 錨栓

- ☐ 上漆
  - ☐ 瞄準鏡（黑）
  - ☐ 握把（亮光漆）
  - ☐ 主體
  - ☐ 做舊
    - ☐ 裂漆
    - ☐ 鐵鏽
    - ☐ 灰塵
    - ☐ 銅鏽

- ☐ 電子零件
  - ☐ 微控制器板
  - ☐ 電池座
  - ☐ LED 顯示燈
  - ☐ 音板
    - ☐ 音檔
    - ☐ 啟動開關（複數）
    - ☐ 揚聲器

- ☐ 圖案
  - ☐ 量計圖案
  - ☐ 黃銅零件（蝕刻）
  - ☐ 貼紙（訂作）

到了此時，作品才會真正展露規模。也唯有到了這一步，我才有種鬆了口氣的感覺。因為最初亂無條理的大腦垃圾坑，終於整合成條理一貫的製作順序。這個方法，我不只用於自造，寫這本書時也用上了，其他舉凡搬家、辦派對、分送禮物，我都用這個方法。我發現列清單是冥想之外最能消除壓力的辦法。不過要小心，列舉清單項目也可能變成一個自我循環過程，你想到愈多項目，會有愈多新項目浮出腦海。一不注意，有可能一輩子都浪費在這些清單上，只為了條列得更詳盡，所以到一個程度，就該直接開始了。

第四步：動手做

現在該實際動手做了。我幾乎從來不會照著清單順序從頭開始做。通常我會檢查子分類清單，找出最難敲破的殼、最棘手的問題、第一眼看上去最難想出解法的項目。找到以後，我就從它開始進行——以雷射槍為例，應該是上瞄準鏡的材料。這麼做有三個理由：第一，我不希望快要大功告成時，才因為突來的狀況卡關，結果得花費比預期更久的時間解決。第二，解決了最棘手的問題，就可以獲得很大的動力，而且往後會消耗動力的惡龍也已經被我斬殺了。第三，我喜歡在最後階段輕輕鬆鬆航向終點。這是我駕馭壓力的方法。在一開始就先掃除困難的部分，後續那些空白方塊也不再顯得那麼嚇人，因為任務只會愈來愈容易，填滿方塊的速度也會愈來愈快。

第五步：列更多清單

列出適當分類的總目清單，進入實際動手做的步驟之後，清單並非就到此為止了，這只是開始而已。新問題會隨著進展逐一浮

現，這時就需要新的清單來對應新的解決方案。先前沒想到的新增項目、刪減項目、細節項目，都會紛紛冒出頭。你要怎麼應付？沒錯，生出更多的清單。

我每天大都會為進行中的每件作品列新的清單。假設那一整天都用在製作上瞄準鏡，當我依序完成並劃掉每個項目，清單上的核取方塊陸續填滿，只要看這張方格清單，就能具體看出我的進度。

當然，清單上一定會有當天沒能完成的項目。也有一些項目是除非其他零件先完成，否則無法動工。這是製作複雜物品常有的狀況。往往有很多零件受限於其他零件。一份完整且詳盡的組成零件清單，能讓你清楚看出連帶關係，幫助你具體想像作品的進度，同時像防波堤一般，發揮對抗挫折的作用。

第六步：擱置片刻

截至目前為止，我介紹的清單都與管理、評估和推動作品有關。但還有一種我也定期會列的清單，與前述都不相同。我往往會留到人不在工作室或手邊沒有慣用工具時，才動用這種清單。類似時機我現在很常遇到，例如在飛機上、演員休息室或咖啡店。那就是暫時擱置作品時所列的清單。

我常常因為各種原因，必須暫時擱置作品。生活、旅行、拍攝節目、更重要的企劃——有太多原因逼我把某些作品束之高閣。不是永遠放棄，但是得冬眠一陣子，可能是幾天，也可能長達幾年。這種時候，我發現把作品目前的進度做成清單很是方便：哪些項目已經完成、下一步我計畫做什麼、需要哪些東西。核取方塊這時就顯得很重要，尤其是準備重拾作品的時候。我希望接續製作時，能感覺先前已有相當的進展，這時看到已經塗黑的核取方塊，真的很

有幫助。

　　這甚至可能是核取方塊和清單最大的優點，因為作品總是有難有易。每件作品的製作過程中，也有順利或不順利的日子。每一天又會遇到許多問題，有的彷彿迎刃而解，有的不僅把你踢下樓梯，還搶走你的吃飯錢。對一名創客來說，向前推進代表每一次你都要督促自己通過這些扼殺動力的關卡。這時候，好的清單可以是推球滾動的楔子，核取方塊則是你的著力點，給你必要的附著力繼續推球前進，讓球不斷累積動力，滾向終點。

4

多用冷卻液

多用一些冷卻液,也是提醒我自己慢一下一來,減少生活中的摩擦⋯⋯
警告我,不要又陷入接二連三沒耐心的習慣。

　　沒耐心,向來是我身為創客的一大原罪。

　　我想盡快把手上的工作完成,才能繼續下一個,然後再做下一個。我想快點走到終點線,快點看到成品,**所有**捷徑我都走。我也**總是**努力對抗這股衝動。我是欲速則不達活生生的實證,不事先計畫、思考,倉促行事最後可能會花上兩倍時間。事先補洞,確實能

避免事後縫針。而我縫過的
針可多了,全身上下總共超
過六十處。我敢說九成都是
沒耐心造成的結果。

　　我這輩子死性不改,老
是這樣。小時候,我們全家

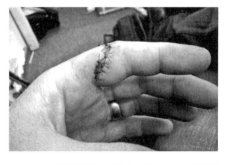

每到夏天都會去鱈魚角(Cape Cod),那裡有一個小社區,我家周圍的住戶全是親戚。我的大舅保羅·謝爾頓(Paul Sheldon)經營的木工坊,幾乎就在我家隔壁。我有好幾個暑假都窩在他的木工

坊，學習做小工藝品的入門知識，也學到不少施作訣竅：用力鉗緊木板，用弓鋸切會比較直；操作鑽床的基本是，把鑽頭壓向木板表面前，要先仔細在木板上做記號。我們做過木架子，也做過懸絲木偶。那是我第一個真正的創客空間。我何其有幸接觸這個小小的創意熔爐，儘管我根本懶得慢下來，好好欣賞這個空間。

　　大約十歲那年，我在保羅舅舅的木工坊做懸絲鴨子木偶，他在工藝雜誌上看到木偶的紙型。製作過程的其中一步是在鴨掌上鑽洞，穿一段繩子進去當控線。這隻鴨子木偶的構造只是兩隻簡單的腳，用帆船線綁在長方形身軀上，再用單絲連向用油漆調和棒做的T字框架。保羅舅舅教我，任何要切割或鑽孔的位置都要畫圓點做記號。但我看了設計圖，自認可以目測鑽洞位置。只不過是在鴨掌上開一個小洞那麼簡單，哪用得著做記號？所以我直接開鑽。之後吹開木屑一看，才發現鑽出來的洞明顯偏離我希望的位置。那是個很醒目的錯誤──不光是看不順眼，對結構也有影響。鴨子現在像扭到腳踝似地垂著腳掌。這下子我又得費力用弓鋸重新切一塊鴨掌出來，除非我想操控一隻跛腳鴨。

　　我氣壞了。這時剛好有客人光顧，問我為什麼繃著一張臉，更讓我氣急敗壞。

　　「亞當在氣他自己沒耐心，不肯花時間在鑽洞位置先做記號。」保羅舅舅正眼也沒瞧我一眼，就代我回答了客人。我真討厭像這樣窘態畢露。儘管年紀還小，我已經有一顆匠人的敏感心，希望自己有獨創性，有創造力，有神祕感。但保羅舅舅看穿我的心思，而且評語百分之百正確。

　　高中時代，多虧一位優秀的美術老師（我們叫他班頓老師），我開始認真看待自造。即便如此，沒耐心依舊陰魂不散。班頓老師

教我製作的酷炫玩意多到不可勝數，從真空成型，到自製巧克力棒、陶土雕塑，乃至使用噴槍。他公開賞識我的好奇心，令我滿心歡喜，我的工具箱也因此不斷加入新技術。但我對新技術胃口貪婪，那又是一九八〇年代初的高中校園，網路尚未誕生，班頓老師盡他所能為我打開的自造眼界，很快就到達極限。

到了十六歲左右，我懶得等班頓老師學會新東西教我，便開始長時間泡在圖書館（年輕人還知道吧？有很多藏書可以免費看的那棟老建築），研究我感興趣的事物。有的有些奇特，或許只是晦澀難解，例如如何建造帆船（我看了很多航海小說）；另一些就比較簡明易懂，算是工藝製造的基礎。

印象最深刻的一次，我讀到一本陳舊的軍用手冊，介紹在金屬上鑽螺絲孔的方法。如今我們生活在IKEA當道的時代，僅憑一支迷你內六角扳手和一張索引卡大小的說明書，甚至只有圖解、沒有文字說明，也能組裝出一屋子的家具。再去想像從前有個時代，組裝前必須先做功課，查好怎麼鑽螺絲孔，甚至必須考慮需不需要動用電動工具，感覺很是奇特。

不過在現實中，技術**以及**工具，這兩樣東西都是自造必要的基礎。假如你還年輕，兩者絕對又更重要，因為對成長中的創客來說，自造不是最好的沙盤演練場，改造才是。所謂改造，就是拿現有的東西，改良到更好，可以是功能更強、造型更美，或兩者皆是。而改造往往包含把原本不相容的零件連接固定在一起。鑽孔打洞這時就派上了用場。以我沒耐心的程度，可以想像有多少改造靈感塞爆我的腦袋，我擁有的東西幾乎都難逃魔掌。改造簡直像是**乞求**我去搔的一個癢點，而我只認得一樣工具可以達成目的。

有洞就鑽

那年頭的小孩子滿十六歲,想要的大多是汽車駕照。幸運的話,或許能擁有一輛屬於自己的閃亮新車。我沒那麼在乎車子,但我確實想要一樣全新閃亮的東西,是才剛問市的商品——牧田牌(Makita)無線電鑽。在牧田牌之前也有他牌的電鑽,但就我所知,牧田牌可說是第一把對得起價錢的無線電鑽。我跟父母表明我想要這個禮物。等到我十六歲生日那天下午,我爸就帶我去五金商行,買下我人生第一把值得珍藏一世的無線電鑽。

這把牧田牌電鑽,我用了近二十年,用盡它的每一分價值。手中揮舞電鑽,十足像在施展魔法。從沉重的扁鼻有線電鑽(像我把鴨子木偶鑽成殘廢的那一把),到不必連到插座的輕巧馬達!是什麼樣的煉金祕術,能讓電池儲存這麼大的能量,讓無線電鑽也如此有力,滿足得了我所有的改造需求?!我的改造靈感大獲解放。但也養成一些新的壞習慣,舊有惡習於是跟著惡化。畢竟,對一個從小沒耐心、永遠只想往前衝的人來說,還有比無線電鑽更稱手(或更不幸)的工具嗎?我馬上就會知道了。

得到無線電鑽之後不久,我想替我的舊腳踏車裝上在車庫拍賣買到的新置物架。架子和車身不太合,所以我打算稍加改裝,讓置物架和腳踏車相處融洽。改裝的最後一步理論上很簡單。只要在置物架的支架上鑽個小洞,再用一根小螺栓把架子固定在後上叉(又是鑽小洞,我們真的仇結大了!)。問題是,我已經把架子部分固定在座管上了。正常情況下,應該把金屬支架放上平面作業台,借助槓桿作用向下鑽洞,但我決定讓支架懸在半空中,一端浮靠著座管,在開放的立體空間向上鑽洞。想像你沒有把蘋果固定在砧板

上，而是捧在手心用刀挖果核。姑且不論你會不會一個手滑，不小心把刀子戳進手掌，弄得滿手是血。你還是辦得到，但可能會弄得一團糟。

我大可把置物架從座管拆下來，牢牢固定在作業台，用「正確方法」鑽洞。但我當下有點進退維谷。我在暑假餐廳打工快要遲到了，必須騎腳踏車去，但置物架沒有完全固定好，我也沒辦法騎。我正在趕時間。除此之外，手上握著新的無線電鑽，老實說讓我自信爆棚。我自以為可以就地躺在工作室（就是我家地下室）地板上，一手扶著腳踏車後輪讓車子站穩，另一手快速鑽出我要的洞。沒錯，這不是最理想的姿勢（根本是**最不**理想的姿勢），而且從地面向上鑽，這角度完全不對。但無線電鑽不正是用來應付這種情況的嗎？否則馬力那麼強有什麼意義？

後來我才知道，使用無線強力電鑽有很多地方要注意，其中最重要的就是鑽頭末端用來鑽洞的那個點。我這個沒耐心的十六歲少年，當時還沒充分意識到這件事，但我很快就會學到自視過高的後果。我用奇怪的姿勢躺在地上，只用單手扶住，會讓腳踏車搖搖晃晃，代表我將鑽頭倉促推向金屬表面時，感覺不到適當的阻力，也代表鑽頭萬一過熱，非到為時已晚我不會發現。

為時已晚的意思是什麼？要回答這個問題，我們先得聊聊真正的物理。

馬上冷卻！

切割物體，就在於目標物體與切割器具之間的交互作用。絕大多數情況下，切割器具必須比目標物體更堅硬。以我的例子來說，

我想鑽洞的支架和使用的鑽頭都是鋼製的（我還沒看過其他材料的鑽頭），但為了鑽孔作業順利，鑽頭用的鋼必須比支架更硬。

同樣都是鋼，怎麼能更硬呢？好問題。答案是結構。更堅硬的鋼鐵，內部的原子和分子結構受過「調整」。最常見的調整方法就是利用高溫。高溫能對鋼鐵施展奇妙的魔法。比如說，單憑調控鋼鐵的加熱過程及冷卻速度，就能精密調整鋼鐵的延長性（延展性）、彎曲性或硬度。

不過，高溫也能成為你的大敵。除了硬度較高，鑽頭能切穿鋼鐵的另一個原因是，鑽頭的刃口經過精確的研磨。每次旋轉，刃口的轉動角度恰好能從鋼面削下一小片鋼屑，長管狀的螺旋鑽頭又能把削下的鋼屑給拉出洞口，維持孔洞乾淨。但切削過程也將產生大量的摩擦，而摩擦自然會生熱。汽車引擎過熱，就是因為摩擦；你的電腦主機發燙，也是因為摩擦（所有的電子高速跳動，好讓你的修圖軟體濾鏡跑快一點所產生的摩擦——我沒騙你）。鑽頭愈用愈燙，正是因為摩擦。多年來，廠商針對鑽頭的硬度與銳度做了許多改良，也是為了盡量降低摩擦，但再怎麼改良也有其極限。

我剛才說，高溫可以對鋼鐵施展魔法，但也能造成驚人的毀損。假如沒有凡事（或至少大部分）按照正確方法，就有機率因為鑽頭與物體表面摩擦而產生過多的熱。物體表面會因此過熱變硬，甚至比鑽頭的鋼鐵還硬，這個過程稱為「加工硬化」。也就是說，你對物體進行的加工讓材料變硬了。比方說，你把一根迴紋針拗到折斷，拗折動作讓迴紋針內部的原子互相摩擦，產生高溫，使拗折點從延展性金屬變成脆性金屬，然後應聲折斷。對鑽孔來說，非故意的硬化很不好。非常、非常不好。物體表面愈硬，鑽頭功效跟著下降，摩擦反而更大，溫度也就更高，形成毀滅性的循環（照我的

經驗，鑽洞聲音也會改變）。幸好這個問題有一個很簡單的解決方法——冷卻液。

冷卻液不是特殊產品，任何能帶走溫度的液體其實都算是冷卻液。可以是水，只是通常不會用水，因為水對許多金屬是活躍的氧化劑（用在壓克力就是完美的冷卻劑），不過的確大多是流體，因為液體的熱傳導率比氣體好。各位有沒有注意到，攝氏二十度的空氣感覺比攝氏二十度的水溫暖？那就是熱傳導的作用——水**感覺**比空氣涼，只因為水把熱帶走的效率比較好。用於鑽孔或切割也是一樣。冷卻液能讓材料表面和鑽頭刃口維持在穩定的運轉溫度。使用帶鋸的金屬切割鋸片時，添加冷卻液能明顯改變切割的速度，因為冷卻液能同時帶走切割區域產生的熱和碎屑。假如手握一把可攜式帶鋸（我最愛的工具之一），你可以實際**感受**到加入冷卻劑之後，切割速度變快了。我愛死那種感覺了。

當然了，十六歲的我對這些一竅不通。這些都是多年以後，我在豔陽下鑽孔、切割各種物品後才曉得的事：玻璃、橡膠、布料、皮革、塑膠、電線、繩索、細線、鐵絲、鋁、鋅、鋼，甚至鈦金屬。我曾經把汽車切成兩半。也切開過保齡球、飛機機身、電腦、腳踏車和輪胎。我用過鋸子、磁碟片、雷射、刀、鑿子、楔子，甚至電漿。我也不小心把東西切開過，例如我自己（很多次）。但說到讓我學到最多教訓的一次切割，不可否認就是在我家地下室這一次，到最後根本已經不是切割了。我用力把旋轉中的鑽頭推向置物架的支架，鑽頭先是發燙，然後變鈍，於是我推得更用力，想彌補鈍化的刃口。最後鑽頭終於承受不了，停頓卡住，留下一塊加工硬化後的熱鋼，不偏不倚就在那裡，永遠卡在我需要有一個洞而不是一個硬化鋼栓的位置。因為這個沒耐心的愚蠢舉動，我造成的結果

與原本的意圖完全相反：我毀了置物架，弄壞了鑽頭，**而且**害自己打工遲到。

我常說，假如能回到過去和年輕時的自己說一句話，我一定會選擇回到這一刻，對他說：「多加些冷卻液。」我知道聽起來很浪費，為了這點芝麻小事，浪費一趟時光旅行的冒險機會——畢竟你想想看，馬蒂・麥佛萊回到過去，可是為了救布朗博士一命。[1]但**對大多數**需要切割**大量**金屬的製作過程來說，冷卻液有助於實現精確、可預測且可重複的切割，協助你在期望的位置打洞，且延長刀刃和鑽頭的壽命，預防工具毀損。得知這個祕訣以前，我弄壞無數個鑽頭，毀掉無數原本完美的零件，還用無數種異想天開的方式咒罵過自己和工具。

不過，那句話除了是簡單有效且能實際做到的方法，多年來對我還有更深、更廣的一層含意。多用一些冷卻液，也是提醒我自己慢－下－來，減少生活中的摩擦，包括工作、行程與人際關係的摩擦，真的各方面都是。這句話是在警告我，不要又陷入接二連三沒耐心的習慣。

但最重要的是，「多用冷卻液」更是一句勸誡，要我做好萬全準備，用適當的方式**進行**預備作業。

預備作業

如果沒耐心是我身為創客最大的原罪，那麼它最主要彰顯在我老是為了預備作業而傷透腦筋。預備作業在此的意思是在身體和心

---

1. 譯註：美國科幻電影《回到未來》（*Back to the Future*）系列的劇中情節。

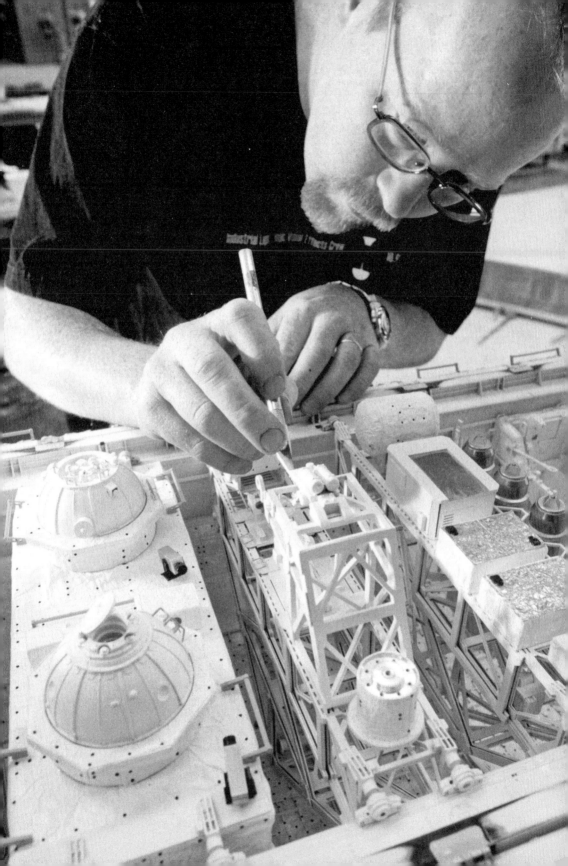

理層面引導自己，在理想的位置執行創作，儘管可能會多花一些時間。預備作業的意思還包括，花必要的時間第一次就把事情做對，同時也花時間整理你的思緒，整理工作空間和工具。預備作業是一段準備期，當下你可能會覺得步調被拖慢，但長遠來看，其實會替你節省時間。

　　我知道這是事實……我心裡很清楚，但從十歲那年保羅舅舅指出我的缺點到現在，我依然把事情搞砸了無數次。我現在五十幾歲了，但在自然的狀態下，我還是會被渴望**完成**的衝動推著走。去他的風險，去他的後果。

　　為自己說句公道話，沒耐心也是有好處。期限和目標是很有用的工具，可以迫使你去蕪存菁，做出最好的決定，並且在事情變得無聊的時候，為你提供動力。每當要做的事單調又乏味，我會向自己承認，一連幾個鐘頭重複同樣的事，確實無聊至極。然後，我就會以建設性的方式善用沒耐心的特點，為自己強行設定目標。假設我要為一艘太空梭的甲板起重台架製作二十個相同的托架（我為電影《太空大哥大》〔*Space Cowboys*〕做的道具），我會立刻對自己下戰帖：

　　「出去吃飯以前，我要完成這部分的機器加工。」

　　「午餐以前，我應該做得完這二十個。」

　　「今天要是能看到這個區塊完成，準備上漆，那就太酷了！」

　　我發現這樣做事，能讓我全心投入單調任務沉思的一面。做完一個動作，重複下個動作，這是多麼可喜的千篇一律。我一邊做，可沒有放空。我同時不停在做兩件事：第一，我會計算自己用多少時間做好幾個，然後心算能不能在自己預設的時間內完成。第二，我會自問有沒有可能做得更快。答案永遠是「不行」，除非我先問

過其他幾個與預備作業相關的問題。

我的工作空間範圍有多大？處理的是什麼材料，目前有多少數量？需要哪些工具？全部備齊了嗎？工具擺放的位置好嗎？是**最好的**位置嗎？膠水罐能不能擺近一點？會節省時間嗎？我能不能組裝一個特製托盤，好加快上漆的速度？擺個多層晾乾架，或許能少走幾步路，不用再走去顏料桌。比較行事效率是我克服單調的一種手段。我不斷檢討組裝過程還有沒有改善的空間。我喜歡在前置階段進行這類改善作業。我喜歡看著兩小時前令我氣餒的一堆零件，現在全部被我征服，組裝完畢立在桌上。我朋友湯姆‧薩克斯（Tom Sachs）來自紐約，是個出色的當代藝術家，和我一樣深為太空著迷。換作是他，他一定會主張，從一開始我的工作桌就不該有「一堆」零件。

湯姆‧薩克斯的十枚子彈

1. 照章行事（有條不紊）
2. 神聖空間（工作室是神聖的）
3. 準時
4. 準備周全
5. 我明白了（給予並聽取建議）
6. 寄出不代表收到（需要確認）
7. 記錄清單
8. 諾林排列
9. 血祭電鋸（為錯誤負責）
10. 堅持到底

　　湯姆為他的工作室設了十條基本原則，稱為「十枚子彈」（甚至拍了短片說明）。這十點都很實用，不過我最喜歡第八點「諾林排列」。「諾林」（Knolling）是一種物品排列整理方法，誰也想不到，這個方法是湯姆跟洛杉磯的法蘭克・蓋瑞（Frank Gehry）設計家具店的管理員學來的。一九八〇年代末，湯姆在那家店工作。一位名叫安德魯・克隆威爾（Andrew Cromwell）的管理員，每天都會到店內清潔打掃，但動手打掃前，他會先把每個工作站巡過一遍，把留在桌面的工具和用品平行或垂直排列整齊。有一天，安德魯到店裡做每日的例行工作時，湯姆還沒下班。湯姆看到的景象令他又驚又喜。

　　「安德魯，你在做什麼？」湯姆問：「太美了吧。你排列物品的方式，有沒有個名字？」

　　安德魯聳聳肩，環顧四周，抬頭看到牆上掛著一塊家具設計公司諾爾（Knoll）的看板，是湯姆與設計團隊當時作品的贊助公司，於是隨口說：「諾林？」

　　「後來諾林就變成專有名詞了。」湯姆告訴我：「我把他的方法學起來，開始運用在日常生活當中。」

　　「話說回來，他原本的用意是什麼？」我問。

　　「工作起來比較輕鬆吧，我猜的。」

　　哈，可不是嗎？

諾林排列的夥伴們

　　剛認識湯姆時，我早有把物品分類排列的習慣，只是從來不知道這個舉動居然有名字。我的工作桌會用諾林排列整理，家裡書桌

也用上諾林排列。十四歲那年，我從跳蚤市集買來總重十磅的鎖頭和鑰匙，回到房間全倒在地上，按照鎖頭形式和種類分成一堆一堆，然後用諾林排列這些鎖。時至今日，每次入住旅館房間，我也會把背包倒空，一邊打電話向老婆報平安，一邊慢慢用諾林排列背包內的物品。沒錯，此舉可能是有那麼一點強迫症，但諾林排列是盤點眼前物品的絕佳方法。我也很少搞丟背包裡的東西。我每天攜帶的背包裡隨時有超過一百樣物品，但我很清楚每一樣是什麼、放在哪裡，這讓我感到非常安心。

照湯姆的說法，以下是諾林排列的作法（其實很直覺）：

1. 檢查工作空間，找出所有用不到的物件——工具、材料、書本、咖啡杯，不管是什麼。
2. 清走用不到的物件。不確定的就留在桌上。
3. 同類物品分在一組——原子筆跟鉛筆，墊圈跟O型環，螺帽跟螺栓，依此類推。
4. 將每一組的所有物品依平行或九十度角垂直排列，與擺放的平面也平行或垂直。

在我步入職涯後，有很長一段時間工作環境都大同小異——在一個長寬十八吋的正方形空間，在過度擁擠的工作桌正中央，周圍堆滿雜物。囤積症的症頭和大抵沒耐心的個性，使我的工作環境幾乎不可能有其他樣貌。諾林排列和多了核取方塊的清單一樣，有如神蹟顯靈。不止釋放大腦空間，讓我更容易理解目前的工作進度，一整天下來也降低了搞丟東西的機率，萬一東西真的不見，迅速找到的機率也大為提升。把物品排列整齊，結果也創造了更多可用空

間。排列過程雖然逼我慢下來（我發現其實讓我做事更快），卻在工作流程另一端替我省下時間。湯姆自一九九○年代初就在紐約市許多不同的工作室遊走。對他來說，諾林排列的價值更實際。「那是在高度密集環境下居住和工作的產物。」他解釋。

關於諾林排列的益處，各方論點紛陳，有一群手工製造者可能比誰都能直覺瞭解，那就是廚師。他們稱此為「mise en place」，是十九世紀末法國名廚奧古斯特・艾斯考菲（Auguste Escoffier）所創的片語，意思大概是「各就各位」，每樣東西都待在該在的位置。箇中道理源自艾斯考菲從軍參與普法戰爭的經驗，強調秩序和紀律。舊金山餐廳「園丁」（Jardinière）獲頒詹姆斯・比爾德烹飪獎（James Beard Award）的主廚（也是我兒子的老闆）崔絲・德・賈丹（Traci Des Jardins），形容得更直白：「那幾乎已經是我們的本能了，其實就是我們常說的『自己的東西自己收好』。」

崔絲和湯姆一樣，對高度密集的工作環境並不陌生。「各就各位」這句成語，正可形容供餐時段每一間忙碌的餐廳。崔絲在最有名、生意最好的幾間餐廳工作過許多年，從法國里昂郊區舉世聞名的米其林三星餐廳La Maison Troisgros、洛杉磯的帕提娜餐廳（Patina），到名廚麥可・米納（Michael Mina）早年在舊金山經營的海鮮名店「水藍」（Aqua），再到現在她自己擁有的六家餐廳。

我們人在某間餐廳忙碌的廚房裡。「上菜前必須走過很多流程，也就是實際把菜餚擺上餐盤。」崔絲向我說明：「各就各位，指的是事先準備好的各種食材，在接單當下已經就位，你能馬上組

右圖： 旅行袋內的物品諾林排列得整整齊齊，不過電線和刮鬍刀組件還可以排得更好。呃，對，我很怕助聽器的電池用光。

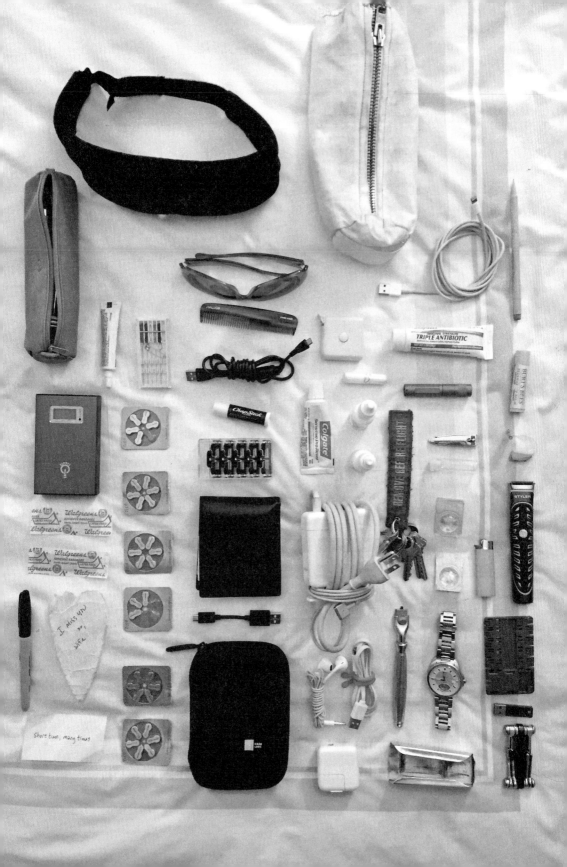

成一道菜。」

　　廚房就像一口壓力鍋，任何多餘的動作和倉促的技術都可能毀掉一道菜、劃破一條血管、燙傷一隻手，讓人忙得焦頭爛額，最終搞垮一家餐廳。想做出一道完美可靠的佳餚，且每晚按照菜單一遍一遍準確執行，各就各位是唯一的辦法，而且是客人付錢用餐的最低要求。

　　在烹飪界，對此最能感同身受的莫過於烘焙圈了。如果料理是熱忱、創意、藝術的追尋，那烘焙要求的就是科學般精準的訓練。想不到吧，崔絲自承她是個不夠格的烘焙師。我們聊到有一天她在伴侶珍妮佛家中想要做香蕉蛋糕，她表示：「我討厭計算分量。」

　　「烘焙時，我通常很抗拒各就各位，總覺得太占位置了。我心裡會想：『非得弄髒那麼多碗嗎？麵粉不能直接倒在雞蛋上嗎？』但是那一次我做的是食譜三倍的分量，如果只憑心算，肯定會釀成災難，搞砸的機率太大了。所以我的作法和平常稍微不同，我把所有碗都拿出來，把乾材料倒出來放在一區，溼材料則放在另一區。沒想到，像這樣把所有材料攤在眼前，各就各位之後再組合起來，做起來容易多了。」

　　創客在工作室承受的風險並無不同。做出一樣東西，包含眾多神奇的力量，但自造的魔法之所以能夠成真，是因為我們願意為了最後組裝，在預備階段忍受許多重複的步驟，然後從容不迫地組合起來。至於把前置作業做好，讓物品各就各位，唯一的辦法就是慢下來，用適當的方式進行預備作業，該固定的就把它給固定好。身為創客，這句話是認真的。

隆重歡迎未來的固定夾

找一張我在鋸木板的照片，短短幾年前的就好，與木工雜誌中某人示範鋸同一塊木板的照片並排在一起，知道差別在哪裡嗎？你會看到我把木板架在推車中間那一層（輪子可能有固定，也可能沒有），伸出一隻腳踩住固定；雜誌人物則會在理想的作業高度，用固定夾把木板牢牢夾緊，**只用**單手就能操作弓鋸（不過他當然還是會用雙手），另一手則可以騰出來喝鳳梨可樂達，或偷把我的高中女友。沒品的混蛋。

從這方面來看，木工雜誌在我眼中就像由固定夾擔任主角的色情刊物，有很好的存在理由——精確的成品需要精確的**施作**，也需要好演員當榜樣，示範正確姿勢給你看。我相信各位有些人聽了會覺得這不是常識嗎？我羨慕你們的耐心和智慧，但就當我現在是對另一群滿懷抱負的創客說話，他們不是本來就曉得，對著一塊沒有牢牢夾緊的木板使用一又四分之一吋的福斯特鑽頭很不安全，或者也知道用空著的那隻手抓緊木板並不算是「牢牢夾緊」（對，我犯過這個錯。沒錯，我留著受傷的照片。不，你不會想看的）。[2]

幸好，我們活在一個固定夾前景大好的時代。美國IRWIN握手牌，也就是所向披靡的Vise-Grip夾口鎖定鉗的製造商，在八〇年代末推出一款快速固定夾，單手就能操作，正適合像我一樣沒耐心的人（單是這款固定夾，我就有二十幾個，而且天天用到）。不只固定夾科技值得歌頌，現今市面上更有琳瑯滿目的工具和材料，讓自造更安全、更容易成功，也更有效率。但重點不只是固定夾和冷卻

---

2. 我希望有一天可以辦一場演講，主題就是愚蠢行為不斷造成的手部傷害，但恐怕必須辦在醫學院，或是聽眾看到我「受傷」資料夾裡所有的照片不會想吐的場所。

液，甚至也不在於節省時間。重點在於向前看，望向臨近和長遠的未來，評估你真正重視的價值，你才不會莽撞行事不顧後果，或是因為太沒耐心，不願做該做的事直到產出結果。

　　我知道這聽起來很誇大，其實不然。相信我，你絕對沒有試過用二十八磅的鉛紙做成十四呎高的飄浮氣球。沒錯，我和傑米在某一季《流言終結者》做出一顆鉛氣球，使用的鉛紙材料特性薄得和溼透的廁所捲筒紙沒兩樣（不誇張！），受到最輕微的震盪就會崩裂。就算只是稍微弄皺一點點，也會形成迷你微孔。假如把整張鉛紙揉皺，即使成功攤開，舉高對著光看，你也會看到它像蕾絲窗簾一樣布滿孔洞。

　　為了製作鉛氣球，我必須對抗自己每一股天生沒耐性的直覺。我們光是進行到能實際考慮如何測試的階段，就花了整整**兩年**，因為沒人能幫我們把鉛壓得那麼薄。

　　很多產業都會用到鉛紙，但總體而言，我們發現少有廠商會做得比兩英絲（a thousandths of an inch，即千分之一吋）還薄，那大約是人類一根頭髮或一張紙厚度的一半。問題是，用厚度兩英絲的鉛紙做的氣球飄不起來。我們煞費苦心，算出這個尺寸的氣球容積是多少，以及同體積氦氣的浮力。很顯然，我們需要的鉛紙厚度不能超過一英絲。有兩家公司跟我們拍胸脯說做得到，結果把設備搞壞了。終於，傑米找到一家德國公司有能力做得更薄，對方替我們壓製了數百平方呎的鉛紙，厚度只有萬分之七吋。

　　鉛紙有了，製作氣球（而且要能飄）的過程本身，也經過非常多的討論、計畫和細心設想。我們一位製作人甚至去請教地方摺紙專家，但是根本於事無補。既然叫作摺紙，重點自然是摺，可是我們這個材料萬萬摺不得（也不能像甩棉被一樣，抓住一角甩到氣球

的框架上，雖然我私心很想這麼做）。我們只能當它是古騰堡聖經的書頁拼接而成（換言之就是要非常小心），慢慢把鉛紙組合起來，然後小心理勻，一邊分散往整個結構內填充氦氣的張力，中間不能有半點失誤。要是不小心讓任一時刻的壓力累積過度，所有努力都會瞬間付諸流水。

終於，費了一番工夫，深吸好幾口氣之後，我想到對一個立方體充氣，或許就能做出一個擬球形的氣球。這個立方體由六面正方形組成，各面又可切分為較小的三角形，只要把三角形裁開，用一些技巧移到定位，再依序用膠帶貼合側邊。[3]這是當時看來唯一有望成功的構想，而且明顯最不需要動到材料。謝天謝地，這個方法成功了，要不然當下有一樣東西比鉛紙更脆弱，那就是我的神經。

拍攝完所有重要畫面之後，為了即時呈現這件作品有多脆弱，傑米投出棒球打破氣球。更確切來說，棒球直接**貫穿**過去，彷彿氣球根本不存在。下一秒，鉛氣球轟然瓦解，掉在地上發出「咚」的一聲驚人巨響。我們離失敗的悲劇就是這麼近。

建造氣球之際還要預防失敗，需要傑米所謂「最接近預見未來的能力」。我們緊密合作，在腦中預演過無數次失敗的場景，然後把失敗的可能性逐一刪除，不讓它有機會找上門。**這些**，正是我說的前置作業。我這麼形容並不誇張，在你放慢速度，步驟各就定位，照正確方法做事的同時，其實也在預見你希望創造的未來。而那個未來的中心，就是你所重視的事物。

---

3. 譯按：參考影片 https://youtu.be/HZSkM-QEeUg。

待人如己

你身為創客，就算現在還沒發生，八成也會有那麼一天，從純粹只是自己想做東西，跨出一大步變成為別人做東西。我指的不是禮物，而是委託，是工作，是**作品**。別人看到你過去的作品之後，說：「就是那個，我想要一模一樣的。你賣多少錢？」

第一次發生時，你既興奮又畏怯。居然有人願意付錢給你，要你做一件昨天你仍不惜出錢請別人讓你做的東西，光是想到這裡，你的業餘頭腦就覺得很不協調，感覺簡直像在從事詐騙。「慢著！你想糊弄誰啊？」你的腦袋對你說：「你的經驗還不夠，你不過是個連腳踏車置物架都裝不好的小鬼……」這種實為冒牌者症候群的想法，往往還會伴隨自我懷疑、驚慌、恐懼和不安，對你心中持續交戰的天平發揮決定性的影響。天平一端是做你向來習慣的事，不太需要考慮結果；另一端是應別人的要求，去做一件令人興奮的新作品。身為創客，倘若希望成長和成功，目標不必然是每次都要在對抗中求勝，而是在著手創作之際，在兩方交戰之間找到平衡。你不想失去自我，但也不想繼續犯下一些低級錯誤。以前失誤只會浪費你自己的時間，現在卻會賠上你的工作或名譽。

我第一次真正受人委託自造，是一段精彩的經驗，只可惜因為接著發生的事而蒙上陰影。一九八〇年代中期，我還在念紐約大學帝勢藝術學院（Tisch School for the Arts）時，與赫赫有名的紐約大學電影學院的一群學生常有往來，他們經常需要外援協助製作低成本的學生電影，許多人到現在還是我要好的朋友。嚴格說來，與其說我當時**就讀**於藝術學院，還不如說我都在學院**周圍**閒晃。我大一上完表演課就休學了六個月。我第一次參與的大型企劃是我朋友大

衛‧波拉（David Bourla）的畢製電影，是一部野心勃勃的奇幻大作，名為《石像鬼與哥布林》（*Gargoyle and Goblin*），敘述一家偵探社的故事。你猜對了，經營偵探社的就是石像鬼和哥布林（片名集合兩隻奇幻怪物又押頭韻，你就知道肯定不得了）。大衛和我成天都在聊科幻和奇幻電影。我們有志一同，熱愛不可思議和超乎想像的事物。他召集了一小群劇組團隊，其中也包括我，因為我既有相同的品味，又會做場景和道具。我當時住在布魯克林區，成天利用街上拖得回住處的廢棄材料做雕塑，基本上沒別的事可做，看就知道會是熱心人選。

電影在別名「地獄廚房」（Hell's Kitchen）的紐約西中區一棟廢棄大樓內，拍攝了十六個晚上。多虧我們多才多藝的劇組團隊，每個人都從百寶箱裡掏出一點技能貢獻出來，電影順利殺青。我們的攝影導演麥克，大概是當時整體能力最強的人，除了掌鏡之外，還得操作石像鬼翅膀的機動裝置。我負責製作道具，也忙得不可開交。我用玉米糖漿替吸血鬼和無頭屍煮了一大鍋血漿。我爸收藏的古董玻璃瓶也出現在巫師的辦公室裡，充當存放魔藥的容器。我做了大釜、棺材，只花不到一百美元（和泡棉中一堆釘書針），就打造出精神病院的軟墊病房。不過，頭號工程當屬製作十多個獨立場景，我和我負責的堅忍不拔的美術組，每個鏡頭都必須裝飾布置。工程浩大，但辛苦也有了回報。這部獨具野心的電影在紐大學生電影節奪得多座獎項。因為這次成功，我的另一位好友嘉比請我擔任另一部畢製電影的美術監督兼場景建造，她是該片的製作人。

與大衛充滿食屍鬼和血漿的奇幻冒險巨作不同，嘉比這部電影是喜劇小品。主角是個用醜陋假髮掩飾禿頭的男子，想向一台喋喋不休的智慧提款機領錢，不料卻招來得寸進尺的羞辱，提款機意圖

強迫他摘下醜怪的假髮才肯把錢吐出來。與嘉比和導演開完會後，我們發現整部電影只發生在一個地點——提款機室。地點預算很省錢，但道具預算可就不妙了。我們不能單純借一部舊提款機來拍攝幾天。那是一九八〇年代中期，根本就沒有舊提款機！沒錯，提款機問世也二十年了，只是當年仍不時興在路口單獨設置如今隨處可見的提款機，也無法期待走進一家加油站或菸酒零賣行就能提款。提款機都是大而笨重的怪獸，鑲嵌在提供服務的銀行分行側壁。我得無中生有打造一部提款機，以及附帶的提款機室。

自造提款機這項挑戰令人躍躍欲試，會吃掉很多製片預算，不過《石像鬼與哥布林》獲得的讚譽仍迴盪在耳畔，相比之下，提款機顯得簡單可行。不就是一個場景、幾面牆壁？至於提款機，找大型電子遊戲機台來改裝，再加上鍵盤和幾個按鍵，不會太難，應該辦得到。嘉比在布魯克林區一個朋友的公寓找到合適的場地，給我一個月的時間建造場景。第一天，我興奮得難以置信，我竟然能為另一位好友的酷炫電影效勞。但那一天，也是我在製片期間好過的最後一天。

現在怎麼辦？

事情從一開始就連番出錯。第一週，我按照高中時代劇場道具組的方法，用木框和帆布做出提款機室的背板（即劇場說的「假牆」），也上了漆。不幸的是，我不知道上漆之前要先固定好帆布板，否則等顏料乾了，帆布容易起皺。拍攝前一週，我到場地去把提款機室的假牆立起來，結果每一面板子看起來都像猶他沙漠的衛星空拍照——到處是坑洞、斷層、裂縫和間隙。接下來三天，我想

辦法把帆布拉直（沒成功），但那三天原本計畫要製作提款機的外殼。我很不智地把重點留到最後再做，因為我認為那是最有趣的部分。可想而知，提款機也跟背板一樣，狠狠教訓了我一頓。我一個不慎把小心翼翼切割下來要包覆提款機螢幕的壓克力板黏到背襯上，想拔下來卻把壓克力板掰成兩半。我別無他法，儘管裂痕非常醒目，也只能把它黏回去，因為我已經一毛不剩，沒辦法再買一塊壓克力板。類似的失誤層層疊加，造成的後果也愈來愈明顯。

　　但整件事最離譜的地方在於，我竟然一直沒意識到；直到拍攝前五天，我才驚覺麻煩大了。我怎麼會察覺到呢？這可是電影！是那個年代所謂的「越界電影」（cinema of transgression），屬於粗糙卻寫實的獨立電影。加上我還年輕，少年得志，自命不凡！哪怕要克服萬難，我也自認一定會成功。不論現在進度再落後，我都以為大不了犧牲一點睡眠，把無限狂熱的精力揮灑一些在眼前的任務上，事情總是做得完，問題也自然會解決。這樣想不僅是另一起失誤，簡直是痴人說夢（當時在我眼中是個完美、合理的計畫）。我從這次經驗之後便發現，世界上沒有哪一種技能是睡眠不足還能做得更好的。

　　拍攝日定在一個三天連假的週末。週五一早，劇組準備萬全來到拍攝場地，以為能看到一個已經可供拍攝的完整場景。實際上卻看到六十小時沒闔眼的我，滿臉疲憊地站在場景中央，周圍每一個細小環節都有問題。最不可饒恕的是提款機外殼，裂成兩半，不堪使用。這部電影有許多需要近距離特寫提款機的鏡頭，我做的提款機卻禁不起近拍。提款機上方的標示牌沒掛直，但是洞已經鑽了，沒辦法遮住。假牆依然皺巴巴的，門也打不開。我在原本公寓地毯上鋪的油氈地板凹凸不平，但我也沒有修復計畫，因為就跟這次製

作的每件物品一樣，我從來沒做過類似的東西。我沒有半點經驗換來的知識。

劇作家大衛・馬梅特（David Mamet）說，每個電影劇組都是一支問題解決大隊，這個劇組也不例外。他們不屈不撓地捲起袖子，開始盡全力幫忙挽救，不停問我有什麼能交給他們做的。但我過去從來沒有真正地授權，一點頭緒也沒有。我投入所有的時間，花了**整整**一個月建造出這個場景，以為一切都在掌控之中，結果我非但沒有掌控局面，現在很明顯需要幫手，卻不知道該怎麼借用這股助力。

鬧劇上演了幾小時後，其中一名劇組人員終於受不了，氣呼呼地回頭當面質問我：「你到底懂不懂自己在做什麼？」

我依然清楚記得他有多沮喪。我能說什麼？當問句迴蕩在整個空間，質疑你這個人的時候，你該怎麼回答？我可以告訴你我是怎麼回答的：我學印第安那・瓊斯。我當時覺得何不輕鬆以對，緩和緊繃的場面。於是我模仿哈里遜・福特，用最散漫的聲音回答：「我也不知道。邊做邊想囉。」我的笑話**沒有**引起迴響。不是不好笑，而是這件事本來就不該是笑話。那位劇組人員伸手按住我的肩膀，瞪著我的眼睛說：「你回家吧。」

被趕回家令人無地自容，但我很慶幸能從眼前的地獄脫身。我把工具全數留在現場，自己走路回家。直到電影殺青許久，其他布景全都撤走之後才把工具取回。我在現場發現嘉比留的紙條，要我打電話給她。如果你和我一樣害怕衝突，這樣的紙條會在你胃裡鑽出一個洞，用力把血打進你的心臟，力量大到喉嚨也感覺得到血流，耳朵裡也聽得見脈搏在跳動。我把工具拿回家後，便打電話給嘉比。她的語氣平靜，但逐一列舉我犯下的錯誤時，仍能清楚聽出

她的憤怒。導演這三年來，每到暑假都辛苦打工，總算存到足夠的錢拍攝畢業專題電影，現在我等於毀了他的心血。劇組必須連續三天熬夜收拾**我的**爛攤子。她接著說了一句話，我會記得一輩子，她說我用了最差勁的方式向她表明，她不該和我做朋友。那就像送給我一張跟賀卡完全相反的詛咒卡。

我的心情從來不曾這麼低落。

我打給我爸。我需要一點指引，某種忠告也好。我當時說不上來，也缺乏情緒察覺力，但我真正需要的是幫助。**現在怎麼辦？**我爸對我說，現在不論是他還是我，做什麼都不可能讓我心情好轉。眼下的情況，從哪個角度來看都無可挽回。我唯一能做的就是承認自己搞砸了。但我也該知道，就算我犯了一連串自作自受的愚蠢錯誤，也不表示我就是個爛人。他建議我把這次的經驗記錄下來，分析發生的原因，再有下次機會，就不會重蹈覆轍。

回頭來看，當年我最明顯的錯誤，就是自以為能靠自己做出整個場景。但在那當下，這個錯誤不容易看出來。我向來腦筋好，很擅長自己想辦法。不論是馬戲團藝術、破解魔術方塊或是組裝器具，只要著迷於一項技術，我會自己鑽研、學習、練習，直到比大多數人都厲害。但某個休閒興趣「比多數人厲害」，不代表你收錢實現別人腦海中的理想時，能做得「真的夠好」。當你受雇於人、為他人製作東西，需要動員所有的幫手，但在我十九、二十歲時，就只知道徵召自己這兩隻手。

想逞英雄，保證淪為壞蛋

即便我擁有完美執行工作必備的所有技能和經驗，妄想獨力完

成而不尋求協助，還是很愚蠢。不光是效率差，自己悶著頭閉門造車，怎麼能期待學到新事物或切磋求進步？這是我當時犯下的最大錯誤。我真正最深層的失敗，就是排斥求助。有許多年，多到我羞於承認，「求助」儼然是個髒字。我擅長助人，也從不批評需要幫助的人，但我自己非常恥於求助，因為感覺很失敗──對我來說，那是一種很特殊的失敗。

察覺自己有自造天賦，有如超級英雄的成長故事中受到神啟的一刻──我發現自己擁有無窮的力量，但是不清楚該怎麼駕馭它。我不曉得力量的極限和潛能，只知道自己不想放棄這股力量。我想用它來助長善良、對抗邪惡，但只能自己摸索該怎麼做，以及如何才能成長進步。我當時的策略你可能不陌生：我接受新的挑戰，單刀赴會，全心投入，賣力工作，講求效率，嘗試方法，看看最後有何成果。我的沒耐心又有了出頭的機會。至於求助？免了吧，英雄幫助別人，但自己可不會求助。而我呢，無非最想當個英雄。

容我給你一項忠告：當你在團隊中工作，為別人製作東西的時候，逞英雄保證你最後會淪為壞蛋。身為一個各種技能和玄祕雜學的收藏控，掌握問題的正確答案或擁有解決問題的正確工具，總能讓我大量分泌腦內啡，感到無比愉悅。但我必須學著坦承自己知道什麼、不知道什麼（有好幾次是吃盡苦頭才學到）。欺騙別人相信你對一件事胸有成竹，已經很不好了；欺騙**自己**更沒半點好處，只會害你落後得更遠。到現在我還是很難過，我竟然得失去一個朋友，才學到這個教訓。我毀掉一個創作同好的夢想，才明白耐心與不恥下問的謙卑是成功完成任何作品的重要環節。

這個教訓最令人意外的一面，趁著我毫無所知已深植在我腦中，那就是希望某件事成功時，最聰明的人往往是第一個發問的

人。他們會問清楚大家究竟在討論什麼，請你詳細解釋，協助他們瞭解。從這點來說，求助不只是多一雙手或一對眼睛。求助還是專業的展現，是智慧，是知道得夠多，因此明白且願意承認自己仍有所**不知**，也是學習新事物及切磋磨練現有技能的方法。

　　求助在根本上也關乎合作，不論你是學徒、搭檔、同僚或上司。我以藝術家自居，在布魯克林閒混了一年，四處幫忙朋友製作學生電影，後來才開始認真準備，想在曼哈頓多間小型影音特效工作室找工作。只可惜，那些工作環境都不太鼓勵人學習，因此不意外，工作起來也不令人愉快。我放棄這些特效工作室，做起穩定的平面設計工作，之後又搬回家一年，思考下一步該何去何從。

　　所幸我的父母不只是避風港，也不僅僅是最後的靠山。我很慶幸自己在職涯初期，就能選擇想去哪裡工作、和怎樣的人共事。因為父母願意在我換工作的空窗期，替我負擔好幾個月的房租。享有此等特權的人並不多，為此我由衷感激他們。現在我也為人父母，我明白父母當時心中肯定多次懷疑這項投資究竟值不值得。

　　畢竟，我**真正**糾結的不是那些粗率的特效工作室，而是我根本不清楚自己想做什麼。我沒有特定的抱負，但現實明擺在眼前，如果不曉得自己想做什麼，在紐約市很難立足生存。我需要一點空間思考未來去向。於是在一九九〇年，我收拾寥寥幾件家當，搬到西邊三千哩外的舊金山，偶然闖進那座城市如日中天的影劇產業。

　　來到舊金山，我很快找到工作，在喬治・寇茨表演劇坊（George Coates Performance Works）擔任助理舞台監督。這間實驗劇團是推動創新多媒體現場表演的先驅，作品特色是3D投影、大型舞台幻覺、早期電腦成像電腦，以及精緻的大型機械道具。

　　那幾年，我在寇茨劇坊和舊金山市其他劇團，廣泛吸收了各種

技能。不同於我在紐約多數時候的作法，我不再隨意接受看似刺激的挑戰，然後悶頭苦幹，假裝自己什麼都會。現在我有必要就向人求助，別人有需求，我也不吝伸出援手。過程中，我學會木工、場景設計、製作鑄模、索具、服裝、建造家具，以及焊接。我花了好幾星期，向場景界大師雪芙拉・泰特（Shevra Tait）學習繪製布景。雪芙拉平時效力於舊金山歌劇院，不用說，她繪製的場景絕對沒有皺巴巴的假牆。耐心、勤奮和虛無主義的冷調幽默是她的個人特色。我透過向人求助學到的技能列舉不完，而且每一分鐘我都樂在其中。最重要的是，經歷數十次在灣區各處通宵趕工讓大戲順利上演，我感受到在人人齊心同步前進的創意團隊中，自己也賣力奉獻的獨特喜悅。

終於，我在劇場界的成果引起傑米的注意。他替電影公司巨像影業（Colossal Pictures）經營特效工作室，製作過無數商業作品。傑米一直在找頂得住壓力、能身兼數職、學習速度快的人才。面試時，我帶了一卡皮箱去，裝滿我自造的東西。面談一小時後，傑米錄用了我，往後四年我幾乎都在他手下工作。傑米和曼哈頓那些人完全相反——他開放整個工作室，我想學什麼都不藏私。對我身為創客的成長來說，他給予的幫助比我從前與此後遇到的每一個人都多。此外，他也讓我發覺，我對製作模型和實體特效懷有熱忱。

特效圈相當封閉，踏進圈子幾年後，圈內的每個人幾乎都認識彼此。在舊金山，這代表你遲早會認識光影魔幻工業的藝術家。一九九七年，我已經結識六位光影魔幻模型工作室的工匠朋友。不久，他們告訴我，模型工作室在招募新人，他們可以想辦法替我美言幾句，拉我一把。我致電給他們的老闆瑞克・安德森（Rick Anderson），每週撥電話，堅持了三個月，他終於答應錄用我。往

後幾年，我就在光影魔幻工業工作，實現了我的童年夢想。

　　我和傑米仍有聯絡，但只是同行關係，到了二○○二年前後，他聽說探索頻道向澳洲發行商買下名為《流言終結者》的新節目。探索頻道希望由傑米來主持，請他錄一卷試播帶，但他不覺得單憑自己能主持節目——**他需要援手**。於是他翻開名冊，回想從前共事過的人，誰擅長製作各種奇形怪狀的玩意兒，又有上鏡頭的資質（我記得他用了「愛演」這個詞）。我是他第一個想到的人。他需要援手，而我可以幫忙。我們最後組成了搞笑咖與嚴肅男的完美拍檔，雙人出擊，幾乎什麼都造得出來，包含這部連播十四季的節目，後來還醞釀重新開播及製作兒童版，也為創客族群在數位管道開啟合作之門，甚至打造了一齣以科學為基礎的舞台劇，巡迴三大洲、在兩百多座劇場演出。

「我們」怎麼辦到的？

　　我以為到了和傑米合力製作《流言終結者》之時，我已經克服了「求助」的問題才對。殊不知這個毛病就像冰島狂戰士，[4]只是化身為其他形態，狂熱反抗，想讓我的舊習慣生根固化。而且這一次我是老闆，除了在節目劇組經營工作室，後來在舊金山教會區的 Tested 總部也有自己的工作室。身為老闆，部分責任是將基本的流程工作委派給團隊成員去執行，你才能專心處理維持工作室營運的重要高階事務，例如接洽客戶、構思計畫、付清帳款，諸如此類。

　　聽起來夠容易吧？確實簡單明瞭。除非你和我一樣，工作步調

---

4. 譯註：狂戰士（berserker）是北歐維京傳說中身披熊皮的勇猛戰士，危急時會化為狂暴狀態，不持兵刃、不披甲冑就能徒手迎敵。

極快，喜歡靠自己完成任務、享受劃消清單的成就感，那基本的工作分派可就沒那麼容易了。如果有一件事，我一個小時能做好，但工作室裡較沒經驗的新手可能要花上兩、三個小時，這時我不會問自己，要如何協助提升員工的效率，我會覺得何不**自己出馬**就好？所以我老是忍不住插手，員工的效率問題從來得不到解答。

有此習慣，我一直不是很好的工作分配者，過去也曾因此生產成效不彰。我的癥結在於，我想做的事太多了，我知道每一件事我自己來都比誰要快完成。但要是我真的全部攬下，最後的結果就是沒有一件事能搞定，而且我往往耐心不足，無法幫助年輕的合作對象學到新技能並有所突破。如此一來，工作室自然漸漸走向停擺。案子當然還是會做完，但都做不好。每件作品都難登大雅之堂，未完成的案子也漸漸擠掉新的機會。這代表我**非得**向團隊求助不可，我必須學會分派工作。得和創作的這個面向對抗，給我一種彆扭的感覺，好像我不信任合作對象似的。但其實和他們沒有關係，問題全出在我身上。

為此苦惱的不只是我。珍‧夏克特除了同為收藏控，也是一位手藝精湛、想法深具條理的創客。她把職業生涯的使命全數奉獻給下一代創作者，希望他們也能擁有工具和知識，做到她做到的事。但換作她自己的作品，工作分配反倒成了最艱難的任務。「我很苦惱一件事就是，比起訓練別人照你的思維去思考，有時乾脆自己來還比較容易。」她說：「我不想在做事的當下，還要撥出時間指導別人進入狀況。」

我懂她的感覺。不只是要讓別人理解你的方法，還要讓對方瞭解你為什麼會得出這個結論、怎麼知道這是做某件事的最佳方法，這真的很困難。我從事自造到現在擔任工作室總監，已有四十年，

一路上經歷太多曲折，不論給我多少時間，我也不可能闡述所有發生過的故事、所有的思考依據。我能告訴你該做什麼，也能告訴你該怎麼做，但我無法一一說明我是如何知道這是最好的方法。

　　珍也瞭解這個問題。「我很講究做事方法。」我們在電話中互相訴苦取暖，她告訴我：「有時候我幾乎會覺得：算了，反正沒人會照我的方法去做。」她漸漸放低音量，沒把話說完，彷彿曉得我知道她要說什麼。我們也**都**清楚，那不是經營工作室的正確心態。她下一句想說的是，**所以我不如自己搞定**。

　　矛盾的是，倘若脫下「老闆」的高帽，單純以創客的身分去想，其實我們都喜歡合作的藝術。事實上，珍不只是我的朋友，我們也常常合作。歐巴馬總統在任時最後一次在白宮南草坪舉行的「南偏南草坪」（South by South Lawn）大會，效法德州奧斯汀著名的南偏西南（South by South West，簡稱SXSW）藝術節。我為活動構思了一座巨型霓虹看板，由珍負責設計。連同五十位來自巴爾的摩數位避風港基金會（Digital Harbor Foundation）的學童，我們花了十四小時，把珍獨具巧思的設計組裝起來。隔天早上，我有幸做了一件從沒想到能列入「此生難忘時刻」清單的事：我和珍一同把一輛租來的貨車**開上**白宮草坪。不過快樂時光總是特別短暫。特勤人員馬上過來禮貌地提醒，我們只有八分鐘可以卸貨、組裝，然後立刻消失；我們摸摸鼻子，乖乖照辦，最後只花了七分鐘。那真是令人興奮的一次經驗。

　　「獨自創作，有時可以進入一種超然忘我的境界，彷彿一切都在震動，而你做起來得心應手。不過與別人一起合作，又是截然不同的境界。」我們回憶起白宮的那次合作，珍解釋：「感覺令人非常、非常滿足。我們同時處在一個氛圍之中，甚至能到達不必言語

就能溝通的程度。光是望向另一個人，對方已經預先猜到你想說什麼，馬上把你心中所想的東西遞給你。」

這也是我和傑米共事最喜歡的一件事。我們兩人的個性南轅北轍，但在《流言終結者》工作室的四牆之內，我和傑米幾乎什麼都可以合力造出來。只要幾個手勢、幾筆素描和幾個簡單的代名詞，我們就能溝通。

對珍來說，合作的喜悅超越這種協同加乘作用，更趨近某種更原始的感受：「創造出一件光憑自己不可能完成的作品，有一種令人心滿意足的感覺。一來是因為作品的規模，但更是因為你自己沒有完成這件事需要的所有知識。我最大的滿足來自於集合眾人的專業、雙手和勞力，來實現一件作品。這時我們能夠望著成果，說：我們一起辦到了，這不光是我一個人做出來的東西。」

不同等級的認可

像我這樣時常羞於開口求助的人，一直到很後來才想到，合作有一個面向可能是最有必要練習精進的，那就是認可與感謝。不論對方是你的同事或是你的上司，也不論你有沒有請求協助，都要認可別人給予的協助。如果你是老闆，這點尤其重要。

我們拍攝《流言終結者》這十四年來，大多與同一班劇組合作。他們很多人一路晉升，從跑腿實習生升格為重要的製作人、攝影師和節目的創意企劃。我們不只照電視節目和企業的方式運作，也很像一家人。換言之，我們都見過彼此表現最好跟最差的狀態。我和普天下人一樣，有好運的日子，偶爾也有倒楣的日子。然而當我遇上倒楣的日子，我感受到的厄運不只侷限於我。身為節目的老

闆之一，我的不悅會如同漣漪般往製作團隊擴散，往往影響了整個
劇組的心情。

　　每次我覺得倒楣，源頭毫不意外總是能追溯到我對周圍人事的
管理方式（或管理不當）。問題從來不只是出在工作分配或合作方
式，往往跟溝通更有關係，我花了很多時間才悟得箇中要領。團隊
成員老是重蹈覆轍。事情很少按照傑米或我的說明執行。製作停滯
不前，而我老是想不通為什麼，所以灰心洩氣。但我太習慣迴避衝
突了，總要過了很久才找出問題的癥結點；那原本只是個小土丘，
是我默許它積累成山。

　　我哪裡做錯了？這個人怎麼老是學不會？！拍攝期間，我常常
壓抑心中類似的獨白。直到有一天，我意識到我身為創客學到的所
有寶貴經驗，都來自雇主或客戶的批評回饋，但我幾乎沒有給我的
團隊任何回饋。我天生討厭對別人說些不中聽的話。但回顧過去的
經驗，我發現與人合作時，給予對方清楚得體、有來龍去脈的回饋
很是必要——這等同於認可他們的付出，感謝他們的努力，並且糾
正他們的錯誤。

　　我個人認為，意見回饋應該有等級之分。認可的層級應該從正
面往負面移動，愈往下愈難啟齒，但也愈加重要。最頂層是基本的
感謝：大功告成時，說一聲「辛苦了！做得好！」；有人出手相助
時，說一聲「謝謝」。這不是需要公開表揚的事，只是尋常的基本
禮貌。

　　往下一層是鼓勵：讓協助你的人瞭解他們的工作為何重要。我
可能會對《流言終結者》的建造總監說：「嘿，托瑞・芬克（Tory
Fink）！看得出來，製作這件道具讓你樂在其中，不只表現在道具
上，這集節目也更好看了。謝謝你煞費苦心，讓我看到你全新的能

力！」這聽在比較憤世嫉俗的人耳裡，可能會覺得太濫情了，但是當你連續數週、每天與製作團隊工作十二到十六小時，大家需要知道簽支票的那個人確實認可並感謝他們的努力。

接下來是激發動力：用具有脈絡的實例向人說明，為什麼他們最適合擔任現在這個角色。解釋他們對整個企劃有哪些寶貴貢獻；同時提醒對方，少了他們，你不可能完成這件事。鼓勵的用意是認可所有的辛苦努力不是一場空；激發動力則超越鼓勵，在關鍵時刻讓對方發揮更多的才能。

不過，回饋到了某一點，將從正面轉向負面，首先會從基本的建設性批評開始。這個轉向也是我最苦惱的部分。建設性批評通常看似容易——只有在事情進行不順利，或企劃方向需要小幅調整，而某個人要負責執行的時候給予引導，不是嗎？但實際情況往往很棘手，因為對你來說不是多大的一件事，對於接受指教的人來說，一時間卻很可能會湧上負面的感受。沒人喜歡聽別人指出自己事情沒做好，但能夠誠實給予回饋對團體合作很重要。我也不喜歡對別人說他們不想聽的話，但我會提醒自己，給予負面回饋其實是在投資對方。我要是不覺得這個人有何長處，我也懶得告訴他哪裡做錯，直接不再聘用就是了。牢記這一點，讓我能夠更坦誠地評論。

再往下一層是糾正大方向：當作品偏離正軌，我們迫切需要動員人力挽回局勢。出錯的那一部分計畫，通常主要由一個重點人物負責，但糾正大方向不僅關乎個人。單獨一人就能讓火車出軌，但讓火車重返軌道需要一整支部隊，同樣的道理，當作品步入這個局面，你回饋的對象必須是整個團隊。

最後一層最為重要：當面指正某個人的性格特點，妨礙大家順利作業。這對我來說真的很困難。我說過，我不喜歡對人說不中聽

的話，但我熱愛與我的團隊合作，我不希望任何事或任何人破壞合作的環境。你看吧！我就是這麼習慣迴避衝突，我這裡講的是不得不解雇某個人這件事，可是我連打出「解雇」這兩個字都不想。

　　不論合作對象是朋友、家人、同事、廠商、老闆或客戶，做好每一層的認可很重要，因為唯獨這件事，你無法求助於人。假如你是老闆，自然責無旁貸，應當適時給予下屬適當的回饋。你可能覺得做起來很生疏，就像《流言終結者》最初幾季我面對劇組一樣。但因陌生而起的恐懼和彆扭，不該是躲回舒適圈、重拾舊習慣，或者繼續用過去的方法做事的藉口。

　　這麼說來，這也是自造或任何創意事業不免要面對的殘酷現實：不論你的事業有多少進展，一體兩面、存在於所有新事物當中的興奮和恐懼，永遠不會消失。甚至你愈厲害、愈有經驗，就愈能客觀體認到你的作品與知識的不足之處。用心的工匠永遠揮不去自我懷疑，所以最好與它和睦相處。如果你不知道怎麼做，給你一個建議：要有耐心，懂得謙虛，別怕去問曾經走過這條路的人。

5

—

善用最後期限

未能在時間壓力下滿足期望的失敗，被內化成他們自身的失敗。
意思是他們覺得失敗的不是事件，而是自己。

　　我們不善於和時間打交道。我們努力想要管理時間、利用時間，甚至摸透時間這個概念。每當有重要大事必須完成，我們常覺得時間根本不夠，或者時間實在太多。不論處在哪個極端，都有可能癱瘓我們的行動。太多或太少的餘裕讓我們覺得綁手綁腳，結果什麼事也做不成。

　　依據表現形態，我們用許多不同名字稱呼這種現象：拖延症、完美主義、分析癱瘓（analysis paralysis）、希克定律（Hick's Law）、選擇悖論。隨你怎麼稱呼，這種傾向是創客的生存剋星。更具體來說，是**我**身為創客的生存剋星，除非我想點辦法制衡。

　　而所謂的辦法，幾乎無一例外，就是設定時限。前幾章的重點都是如何讓成效更好、更有效率，以及如何求助和幫助別人。時限則是用來幫助**你自己**的。**我愛時限！**時限是修剪決策樹的鏈鋸。時限創造限制，純化目的，把心力導向單一目標。時限可能是我們手中最好的生產力工具，而且不必看坊間的時間管理叢書，你也知道

如何使用。

　　時限也是藉口終結者。時限可以打破我們在自己以及內心深處想要嘗試的陌生新事物之間築起的牆。這些牆都是我們編造出來的藉口，好讓我們不必去創造，不必開始或者堅持努力下去：**我不知道要做什麼、我不知道怎麼做，萬一搞砸了怎麼辦？我需要的東西還沒到齊**。自行設定時限可以發揮炸藥之效，粉碎橫亙在你和創造力之間的障礙。時限雖然不是世界上最好玩的事，且需要花點時間適應，但是當你坐在工作台或書桌前，看著一件完工的成品，你絕對多少會感謝時限。只差在你必須願意接納它們。

再多兩星期，絕對能做得更好

　　我剛進光影魔幻工業參與《星際大戰》的製作時，腦袋深處暗自盼望每天推開門走進公司，就有如走進模型師版本的巧克力冒險工廠。繽紛絢爛的顏料從牆上滴落，包含Pantone色票的每一個顏色。搖一搖樹幹，你能想像的各種形狀大小的螺栓、螺帽、螺釘、鎖扣，全部落在腳邊。每一扇門打開，都能看到嶄新的創意奇觀。某種程度上，現實確實如此。在光影魔幻工業，工具、材料或專業技術永遠不缺。缺的只有時間。不管某件工作分得多少時間，永遠都不夠。

　　《星際大戰首部曲》完工後，我最早分派到的一件案子，是克林·伊斯威特（Clint Eastwood）執導的一部小成本電影，名為《太空大哥大》。敘述一群退役太空人臨危受命，上太空營救一枚失靈的衛星。我說「小成本」，是因為二十一世紀以太空為背景的電影，預算大多動輒超過一億美元，主要用於視覺特效。相較之

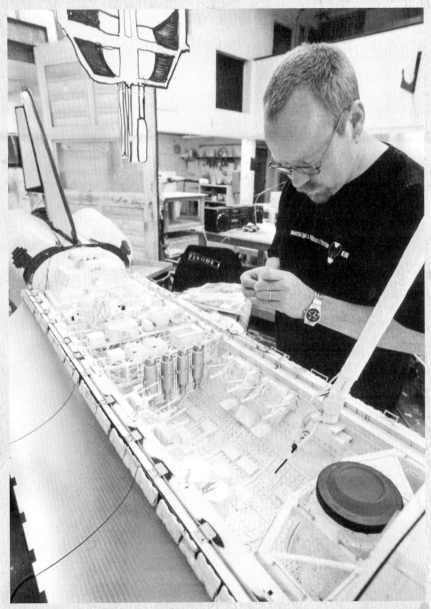
我在《太空大哥大》的主要工作是建造太空船負載艙內的所有細節。辛苦做出每一扇艙門內的每一根螺帽和螺栓，還真是夢幻工作呢。

下，《太空大哥大》的預算僅有六千五百萬美元，這代表特效預算又會更低，但是特效模型的品質和上了銀幕的逼真程度，多少必須維持相同的標準。

　　克林‧伊斯威特一行人搭乘虛構的美國太空總署太空船上太空搶修衛星，我的工作則是建造太空船負載艙內的所有細部。如果是大成本電影，劇本中需要拍攝太空艙的鏡頭這麼多，我們通常會建造幾艘不同大小的太空船，特寫用的區域製作精細，遠景用的大區塊則不必太精緻。但《太空大哥大》預算較少，我們反而必須建造一艘無比精緻的七呎模型，好滿足所有的取景需求。

　　參考太空總署提供的太空梭鋪面配置正射格局圖，[1]我們在模型外層刻出每一塊鋪面，再用最迷你的貼紙依序貼上編號。負載艙內，我們以超乎想像的還原度複製了每一個螺帽、螺栓、鉸鏈和手把。我們是個小團隊，只有大概七人，每個人各有專長。大家一起在那辛苦的十週內，打造出我相信可能是至今最精準的縮小比例太空船模型。

　　團隊裡其中一人是光影魔幻工業的老鳥──傳奇雕刻師艾拉‧奇勒（Ira Keeler）。艾拉以化腐朽為神奇的能力聞名。給他一塊椴木和一個小指刨，短短幾天他就能把平凡無奇的木塊變成小汽車、帝國風暴兵頭盔或飛機機翼。只見他把多片薄木板壓在一起，抄起帶鋸切個幾刀，用鑿子和銼刀大致雕琢一番，再用比食指大不了多少的小刨刀，仔細修去細小木屑，將每一分不屬於這裡的木頭掃掉──直到他解救出大理石中的天使（借用雕刻界最負盛名的大師米開朗基羅的名言）。

---

1. 正射投影是運用平面空間呈現立體空間的一種方式。

　　我們一起工作時，近身欣賞他做這些事，著實令人嘖嘖稱奇，但我不曾或忘的是他最愛的口頭禪。他做出某個造型，例如太空船身與機翼間一道美麗的弧線，打磨光滑以後，他會後退一步，仔細端詳一會兒，然後不經意地說：「再多兩個星期，這絕對會是一艘漂亮的模型⋯⋯」

　　艾拉這句話說了不下數十年。每一次聽到，都像聽到喜劇電影《瘋狂高爾夫》（Caddyshack）諧擬達賴喇嘛所說的禪宗公案，我們總會咯咯竊笑。大家對那種心情太有共鳴了。**每個人**時時刻刻都希望有更多的時間。造成壓力的從來都是時限，不是預算高低或人手多寡。我們有十個星期，看似很長，但要做出一個不容任何差錯的模型，又要做到細節吋吋逼真的程度，加上只有七雙手，十個星期是激烈的衝刺短跑。但從來沒有誰會說，要是能多一個人手或多個兩百萬美元就好了。不，大家說的是，要是能多個兩星期，想想我們能做得多好！

　　談到時限，你絕不想掉進的就是這種陷阱。最好別把時限看作壞人，反而應該欣然接受時限，因為過了某個門檻以後，更多時間不必然等於有更好的產出。我甚至認為，對自造來說，要完成一件事情，時間不夠反而是關鍵，也最為重要。要是再多給我們兩星期製作《太空大哥大》的太空船，你知道我們會做不到什麼嗎？我們會做不完太空船，希望再多延兩週，於是下個大案子就會跟著被推遲一個月。幸好我跟著傑米製作商業廣告的時期已經明白這個道理，可以很自在地接受神奇工廠的緊湊匆忙，而不是一味抗拒。

這一切意義何在？

　　我在巨像影業為傑米效力時，我們每隔幾天就要完成一個廣告案，休假、病假或氣力耗盡的日子還不算在內。每個案子可用的時間都十分匱乏，早已不足為奇。工作步調勞心勞力，但也極度振奮人心。此外，也充分影響我養成的習慣，因為我們必須遵守的各式各樣時限，教我學會判斷輕重緩急。

　　在我任職之初，我們為玩具反斗城製作一個廣告宣傳活動。對方要在三天內連續拍攝十二支廣告（你若問我，我會說簡直瘋了），每一支廣告各有專屬的特效道具。我最喜歡的是一枝筆，要像被幽靈之手操控一樣在空中亂飛。拍攝這支廣告的時候，我花了一個半小時扭曲成奇怪的姿勢，在取景框外用幾乎看不見的細線操控那小小一枝筆，讓筆看起來像是自己在寫字。要操控得精準到位極其困難，導演卡爾・韋拉特（Carl Willat）也看出來了。所以在拍下個鏡頭前，趁工作人員調整鏡頭時，他走過來替我打氣：「記住了，亞當，你這次一定要搞定，每重拍一次都要燒掉幾千美元。」真是謝了，卡爾。他是開玩笑的，但也不盡然。在任何拍攝現場，時間確實就是金錢。由於兩者都有限，現場永遠有龐大的壓力，最好第一次就搞定。

　　可以想見，玩具反斗城廣告拍攝現場接下來每況愈下。下個遭遇難題的是傑米。另一支廣告用到的道具包含一個神奇彈簧加壓機關。彈簧很敏感，一碰就會觸發。傑米花了將近一個星期辛苦打造出來。到了實際組裝準備拍攝時，彈簧內一個重要零件意外炸開，裂成三塊。傑米和我當場心知肚明，這件道具沒救了。不論任何情況，都不可能在指定時間內修好這件道具，以供拍攝。

　　這造成很嚴重的問題。一來，四十人的拍攝團隊現在呆立原地，領了工資卻無事可做，只能空等傑米把道具修好才能拍攝。但不只是這樣，傑米和玩具反斗城簽了約，製作公司必須為廣告做出**這些**特效，現在其中一個生不出來，依照條文，他有違約之虞。

　　面對龐大如山的壓力，傑米的反應既令人驚訝，也讓人深受啟發。他沒有流露任何情緒，沒有慌亂，也沒有惱怒，甚至沒有裝作若無其事。他只是平靜看著製作人說：「我想過了，要在今天之內把廣告拍完，我們有三個選項……」接著，他詳細舉出三個全新的解決方案，配合原本的故事分鏡列出各個方案的優缺點。現在事後回想，這是傑米唯一的選擇，但在當下，向合作對象提出補救方案時，他表現出的處變不驚，顯見他對時間有限的本質有深刻的認知，且能充分接受時限在創作過程中扮演的角色。

　　想想傑米的處境就好：他的道具不管用了，但他有合約在身，有責任交出這些特效，而對方只有三天時間要拍完十二支廣告。沒時間道歉、找藉口或發脾氣。這件事**必須**搞定。他該做的就是想清楚還有哪些選項，請製作人挑一個，然後繼續前進。他們也確實這麼做了。製作人選定一個方案，傑米指派我去完成，他則負責裝設下一支廣告所需的道具。我們最後成功搞定彈簧機關，那一天結束前，天下已經太平無事。

　　我朋友黛拉‧道茲（Dara Dotz）很瞭解這種壓力。黛拉是人道組織FieldReady.org的共同創辦人。她和所屬團隊的設計師、工程師與創客，有各種可快速成型的科技裝備，讓他們前往受災地區和人道危機現場，協助解決急迫的基礎設施問題，例如管線與灌溉系統破裂、搭建組合屋、電網倒塌或道路受阻。他們設計解決方案，就地建造，並且和當地居民分享知識。如此一來，就算黛拉與

團隊離開了，居民也能繼續維護系統。他們就像一群頭戴工地安全帽、腰繫工具皮帶、攜帶電腦輔助設計軟體，前來救援的守護天使。工作的每一分鐘，都面臨生死關頭這個大自然設下的時限。

「那就是我的日常生活。」有一次，她剛從海外歸國，在電話中告訴我：「災難發生的當下只會想到：慘了，我們得趕快取得資源。等到現場的工作結束了，才會變成：好了，現在只需要能扶助他們走向下個階段的物資就夠了。」

遇到類似時刻，很多人會全身僵硬、動彈不得。黛拉多年來把FieldReady拉拔成如今的規模，途中學到許多嚴酷教訓，而這又是其中最艱難的一課。「最難的是判斷哪些人值得投資。」她說：「有些人做得到，有些人沒辦法，這都是必然的。」有的人做不來FieldReady的人道救助工作，原因跟有些創客因為時限逼近、陷入癱瘓是一樣的──他們把事件的結果內化了。未能在時間壓力下滿足期望的失敗，被內化成他們自身的失敗。意思是他們覺得失敗的不是事件，而是自己。隨之而來的生存壓力，逐漸大到難以承受。這種想法其實隱含過大的自尊心。不論在模型工作室、廣告拍攝現場或受災區，認為一件複雜成品經受的考驗與磨難，完全反映你身為創客或身為一個人的人格，不覺得太過自我膨脹了嗎？

傑米和黛拉一樣，對這種負面想法免疫，因為他明白大家齊聚現場是為了什麼，也清楚一切努力的重點何在。四十人的團隊來到現場，不是為了我們的特效道具，是為了拍攝廣告。這一系列廣告則是為了玩具反斗城而做的。身為模型師和特效負責人，我們當然希望有充裕的時間，讓原創道具照原始的設計完美運作。但我們不是這齣戲的主角，我們在這個舞台上只是客串演員，幫助劇情向前推進。因此也可以說，正是時限迫在眉睫的沉重壓力，幫助傑米鏊

清他的決策。

　　時限具有的澄清力量，每位創客在自造過程中都該善加利用。在邁向完工的路上，我們應該反覆問自己：「這件作品的要旨是什麼？」當指定時限逼近時，更應該頻繁地問這個問題，因為這能幫助我們牢記初衷，以及整個案子的重點。如果你是為自己製作東西，更應該這麼做。因為成品有可能變成任何樣子。既然能變成任何樣子，那它究竟是什麼呢？你不該覺得時限是慢慢壓扁腦袋的緊箍咒，而該想像時限是一張篩網，在時間壓力的推擠下，只有不可或缺的要素會通過，不必要的渣滓則會留下。

　　某種意義上，這就像是創客版的世界末日問題──如果明天就是世界末日，你今天會做什麼？對黛拉‧道茲這樣的人道救援者來說，這些問題非常現實，能帶來立即可見的結果。對我們這些只是凡夫俗子的創客來說，問題的答案則說明我們各自重視什麼、作品本身的性質為何、我們創作之物的重點何在。

搞定就對了

　　日復一日、週復一週地做廣告，每個小時都有一組新的問題有待解決，這是我真正受到的大學教育。劇場道具工作已經讓我受益良多，但廣告工作是研究生等級的學習。除了幫助我釐清工作的大目標，廣告工作也教我如何不斷挺過最壞的狀況。當一支每分鐘花費數千美元的團隊在一旁等著**你**，把**你承諾**能用的東西做出來，你沒有時間優柔寡斷或含糊其辭。時間只夠讓你把東西搞定，然後移向下一個問題。

　　一九九七年，我有機會和我朋友，也是出色的藝術總監露西‧

布萊克威爾（Lucy Blackwell），聯手為可口可樂製作一支電視廣告。廣告發想是某個人使用新潮的販賣機購買可樂。視角隨即被拉進販賣機內部，看到販賣機透過一系列極端精巧的魯布戈德堡機關（Rube Goldberg machine），選出一瓶可樂，打開瓶蓋，倒進玻璃杯，端到口乾舌燥的顧客面前。

廣告中，好幾枚彈珠沿著小勺鏟做的階梯向下彈；機械吊籃放開雞蛋，推動裝了砝碼的空罐子往上坡滾；羽球掉進碗中，把音叉打向另一邊，順勢把三個冰塊推進冰凍的管線裡。冰塊一個接一個落在乳膠鼓面上，再不偏不倚地彈進五十公分外的玻璃杯中──三個冰塊要在同一個鏡頭內彈入，同時，第一個鏡頭的最後一顆彈珠也滾下瓶蓋串成的階梯，觸發開關，打開可樂瓶蓋，瓶身一斜，隨即被一只充氣膨脹的橡膠手套接住，恰好把可樂倒進盛好冰塊等在一旁的玻璃杯。

總結來說，我們的魯布戈德堡機關包含十二個以上的機械組件，每個都需要設計、建造、偵錯，然後才能實際上陣，進行為期兩天的漫長拍攝。聘請我們的客戶只有兩個條件：第一，所有道具都要實用，代表廣告中看到的所有物件，在鏡頭前也能夠實際使用；第二，製作時間有七個星期。

剛接下這個案子時，七週的製作時間聽起來充裕得近乎奢侈，我們可以盡情考慮各項決定。應該使用哪一種彈珠？彈珠應該多大？數量需要多少？應該用可口可樂紅嗎？還是五顏六色？感覺每個決定都可以吹毛求疵。但是隨著拍攝日逼近，能盡興選擇的感覺慢慢消失，我們漸漸覺得，這一點時間連做出機關的結構都不夠。

到了拍攝現場，時間分秒不停流逝的感覺依然持續，在第二天即將結束前那緊繃的一小時來到最高峰。冰塊彈跳的機關一再失

敗。這個環節的基本概念其
實很簡單：使三個冰塊接連
彈向一張繃緊的乳膠鼓面，
讓冰塊一個疊一個，完美落
進一個經典可口可樂玻璃杯
中，三個冰塊一鏡到底。夠
簡單了吧，只是做起來並不

容易。我們不能用真的冰塊，因為商用照明太強烈，冰塊不到一秒
就會受熱融化。我們有很漂亮的**擬真**冰塊，但也不管用，因為每個
冰塊的形狀有些微不同，彈跳軌跡難以一致。幸好我在傑米的工作
室發現一個貼著「食物模型」標籤的盒子，裡面有一大把壓克力
「冰塊」，每個形狀一模一樣，只要完全對齊方向堆疊起來，一定
能落在我希望的位置。

　　後來，更棘手的反而是鼓面：灼熱的舞台燈光持續加熱乳膠，
改變乳膠的彈性。彩排時，冰塊能準確落入杯中；但到了實際拍
攝，燈光一照，冰塊又都彈不進了。我傷透腦筋。我心底的完美主
義者和收藏控，當下真希望把那七個星期的時間偷一點回來。當初
何必把時間花在設計最優美、最賞心悅目、最具創意的方案呢。不
過與傑米共事的時日，我已經學到教訓，知道現在最重要的是讓廣
告順利拍完。為此，我必須放棄所有大而不當的選項和追求美感的
方案，拋開所有對自己當下處境的批判，以及隨之而來的早知如
此、何必當初，專心想出最簡單就能搞定這件事的方法。

　　我還記得，拍攝團隊裡有好幾個人一邊搖頭、一邊用懷疑的眼
神注視我，看我呆立原地絞盡腦汁。他們不相信這個機關能成功，
而且毫無掩飾的意思。我急切希望想出調整機械的方法來解決這個

問題。但很快我就意識到，如果彈跳距離隨著鼓面變形不斷改變，我勢必得親手處理才行，我說的是真的動用雙手。於是，我決定在每次取景時，隨時手動調整鼓面的位置，微調彈跳距離，以確保燈光一亮，攝影機啟動後，冰塊都能命中目標，投進玻璃杯。到最後，我協助拍出了五個好鏡頭。對於講求實效的道具機關來說，恐怕沒有比這更務實的作法。[2]

這就是時限能為創意思考做的事。時限幫助你去蕪存菁，修剪掉決策樹上所有漂亮的枝椏，這些枝椏儘管好看，在你向上攀爬之際，卻會害你誤入歧途，或支撐不住你的重量。想想看，每件作品大概有二十五到三十個細瑣的目標，你希望最後都能做到。但起步之前無法完全知曉，這些目標有多少對企劃有實際的幫助，又有多少純粹是個人的創作偏好。假設時間資源無限，每個目標可能會獲得同等的重視和關注，完成作品需要的時間也可能拉長好幾年。不過在時限的幫助下，這些目標會依照和彼此及作品整體的關係改變大小和形狀。隨著時限逼近，不影響功能的目標會收縮變小，化為附屬，乃至消失不見。在你未察覺以前，你已經做出了成品，具體實現原本的十到十二個目標，而每個目標都善盡對作品來說不可或缺的角色。

在可口可樂廣告的拍攝現場，我期待用真的冰塊和美麗光滑的彈跳表面，但那只是我的個人偏好。重要的是讓冰塊機關順利運作，而節節進逼的時限侷限了我能運用的辦法，其他無關緊要的期望因此統統消失，合適的解決辦法隨之浮現。身為創客，必須思考如何像這樣將時限運用在創作上。不管你是為了興趣，還是為了客

---

2. https://vimeo.com/35240952。我到今天還很驚奇，他們竟然願意在電視播出這支廣告，感覺說不上來的怪，但又令人滿足。在我心目中，這仍是我參與製作過最愛的一支廣告。

戶創作，尤其假使你也是有強迫症頭的完美主義者，容易往兔子洞的黑暗深處鑽，時限能幫助你把心力集中在對作品存亡至關重要的環節上，讓你不至於落入藝術家飽受折磨的老套形象，也不至於讓追求完美成為做出滿意作品的大敵。

完美是完工之敵

設定時限往往是督促我完成作品的唯一辦法，尤其是當初想做的東西，只是出於一股特別的悸動。錄製《流言終結者》期間，我們的行程緊湊。多數電視節目會一連拍攝幾個月，然後休息一季。我們不一樣。為了配合探索頻道的播出需求，我們一年總共要拍攝四十二週，每三個月一季，中間只休息兩星期。到頭來，即便是拍攝順利的那一個月，我有空待在工作室忙自己作品的時間，也從不超過五到十小時。不順利的月份（比順利的時候多），空閒時間更少，我原本在做的某些作品只得拖上好幾年，偶爾這裡做一點、那裡做一點。其中有件作品是電影《異形》（*Alien*）的太空裝，延宕了近十五年才總算完成，而且還是因為想穿去參加動漫展，設下了時限，我才終於衝破終點線。

我一向很喜歡雷利・史考特拍的《異形》。在眾多星際題材的電影之中，《異形》建立了科幻史上最生動的世界。雷利與奧斯卡金獎製作設計師約翰・莫羅（John Mollo）打造出一個鮮明具體、活生生有血有肉的世界，每個零件感覺都是整體的一部分，足以凝聚在一起。我能想像自己踏上那艘商業煉油公司的太空船諾史莫號（Nostromo），也能清楚知道，當太空船收到遇難訊號，亦即觸發故事導火線，降落在未知行星表面進行勘查時，我該往哪裡走、該

做什麼事。

　　與二十世紀中期、凡是科幻片一定會出現的銀色烏托邦不同，《異形》是工人階級的科幻故事。也因此，諾史莫號船員前往遇難訊號源頭調查時，身上穿的太空裝反而是我的影史最愛。本名尚．吉羅（Jean Giraud）的傳奇繪師墨必斯（Moebius），在為《異形》美術部門工作的一小段時間設計出這套太空裝，出現在我最愛的故事情節裡，堪稱大師經典。這套太空裝揉合早期深海潛水裝和日本武士鎧甲的特色，因為頻繁使用而鏽跡斑斑、顯得老舊。復古改裝零件跟互不搭調的細節湊合在一起，當即透露這是一部粗礪蠻橫的科幻片。沒有浪漫情調，只有血汙、汗水和太空塵埃。所以想當然爾，我一直想要一套異形電影太空裝。

　　二○○二年，我開始仿製約翰．赫特（John Hurt）飾演的角色肯恩所穿的太空裝。單是蒐集圖片、掃描舊雜誌、收集任何找得到的資料，就花了我好幾個月。我很幸運和其中一套真品（薇洛妮卡．卡特萊特〔Veronica Cartwright〕穿的太空裝）相處了幾個鐘頭，實際測量並且用素描打草稿，讓我後續得以解決許多服裝軟襯的問題。那是動手製作硬材質前的重要資訊。硬材質的部分恰如其名，非常硬，非常難搞。單是事前準備就花了大約三年，距離完工還遠得很。

　　作品從這時起不斷延宕。有太多的小零件和小細節要琢磨了。我有厚厚兩大捆檔案夾，塞滿各種資料、照片、平面圖、特寫圖、藍圖、我自己畫的草圖，以及數不完的清單。我有兩GB的參考資料存放在某處的外接硬碟（現在還在）。只要《流言終結者》沒占去八成以上的時間，心情一來，我就會栽進這件作品，埋首製作，但都持續不久，不足以累積完工所需的動力。

後來，從二〇一三年起，我們在《流言終結者》的工作量砍半。隨著節目慢慢走向停播，我們從一季要拍二十多集，減少到頂多拍十到十五集。這讓我有更多的時間待在工作室，腦袋也得以釋出比較多的創意空間。同時我也意識到，若我想一氣呵成做出這件太空裝，勢必得想點其他辦法。已經拖得夠久了，我必須給自己一個時限。我想到，不如就以二〇一四年七月舉辦的聖地牙哥國際漫畫展為限。

我參加漫畫展已有十多年歷史，有時擔任評審，有時只想滿足我對cosplay的熱愛，也常常兩者皆是。我在漫畫展會場通常會穿上自己精心製作的服裝，然後發起尋寶活動，號召粉絲來找我。第一次是二〇〇九年，我裝扮成地獄怪客。隔年，我改穿在《流言終結者》某集節目中用過的《星際大戰》帝國風暴兵制服。二〇一一年，我扮成《神隱少女》的無臉男。二〇一二年，我是《魔戒》的戒靈。二〇一三年，我是《神鬼奇航》（*Pirates of the Caribbean*）系列電影的史派羅船長**兼**《星際大戰六部曲：絕地大反攻》（*Return of the Jedi*）的阿克巴上將。開始籌備二〇一四年的服裝時，我心裡清楚，我想把《異形》的肯恩太空裝做出來，在那年夏天穿上它，步入聖地牙哥漫畫展的會場。

直到現在，我仍不確定自己是怎麼辦到的。但我很清楚，要是沒有設定時限，務必要求完美的習慣一定會教我繼續執著於每個小細節，永遠到不了終點。我會為了哪種燈泡最好、哪種冷卻風扇最貼近原貌而頭痛不已，心心念念糾結於根本沒人會去注意的地方，除了我自己以外。但有了七月的時限，容許我猶豫不決的餘裕就被消除了。

像這樣為自己設定時限有一個關鍵。這個時限不能完全任意決

我這輩子膚色第一次這麼健康。

這是二〇一六年的萬聖節，我扮成龍貓，在我們家所在的舊金山教會區出沒。我太太茱莉亞・沃德（Julia Ward）拍下這張我最愛的照片。

定，必須跟你或作品有關，或者對兩者都有意義才行。像漫畫展就是很理想的結合——我原本就預定參加，這套服裝也很適合這個場合。我大可把做出《異形》太空裝的時限定在十二月三十一日，但是年底最後一天和我或作品都沒有關係，我很容易找到理由往後推遲。我也可以選在耶誕節，假如這套太空裝是送人的禮物，這個時限或許有效。但是不行，這件作品單純是為自己而做的。

當你的進度開始落後，想出一個對你本身和你的作品都很重要的日子當作截止期限，然後從那一天往前推安排進度，相信我，你一定能做完。

又不是世界末日

關於時限和創造力的交叉點，我學到最重要的一課，也許來自我為康寧公司製作的一支大預算廣告，於超級盃美式足球賽期間播出。跟我合作的是位優秀的模型師，名叫米奇・羅曼諾斯基（Mitch Romanauski）。米奇參與製作過《捍衛戰士》（*Top Gun*）、《神鬼奇航》、《星際大戰二部曲》和《侏儸紀公園三》，還監督龐大的工匠團隊，建造出提姆・波頓（Tim Burton）經典定格動畫電影《聖誕夜驚魂》（*The Nightmare Before Christmas*）當中所有的物件。米奇是個天才。離開《飛天巨桃歷險記》（*James and the Giant Peach*）的製作團隊後，他與傑米合夥，成為教我製作專業模型的第一位啟蒙導師。傑米是我的老闆，但真正教給我兩把刷子的是米奇。

那支超級盃廣告的導演，喜歡用吼叫罵人的方式溝通。我們分派到的工作時間也異常地短，就算以低預算廣告的標準來看也一

樣。所以有好幾天，我們繃緊了神經從早做到晚，努力把待辦清單上的項目勾除。

結果拍攝前一天，我和米奇還是得通宵熬夜，把所有零散物件裝設到位，好讓他們隔天一早八點就能開工。在那個當下，待完成的事情感覺多到要將人淹沒：有一面乳膠牆要拉開並準確對齊上面印刷的圖案，有迷你房屋的絕緣材料要鋪設，還有一棟房屋要在攝影機運作下，一塊木板、一塊木板地自動組裝。這還只是我記得的部分，沒有把我們戕害自己的情況給算進去。

我當時還有抽菸的習慣，米奇也是。白天我們在工作室不准抽菸，但等到太陽西下，其他人都回家後，我們會一根接一根抽個不停，好保持清醒，把工作完成。[3] 米奇和我一面迎向清晨，一面竭盡所能避免重大失誤，但也不忘用一些死到臨頭的幽默鼓勵自己。大概到了凌晨三、四點，正是壓力如山大的時候，米奇轉頭對我說：「你知道嗎？每到半夜這個時候，我就會對眼下這種垃圾處境想出一些哲理。我想說的是，到頭來這不過是另一支討人厭的廣告，我們要不把分內工作做好，要不就是沒做完。又不是世界末日會因此到來……」

米奇說得對極了。

為了這件工作超時加班，我最後會在兩天內賺到一星期的工資。等到一切落幕時，我已經熬夜忙了一整晚，而且狠狠懲罰了我的肺。我被導演凶，還被動畫師怪罪，因為他沒搞定自己分內的工作。我只好替他揹鍋，連續二十五小時沒睡，動用勞力手動呈現房屋組裝的動畫。然而，回想起這支廣告的製作過程，我只記得滿心

---

3. 對不起，傑米。我知道我們違反了職業安全規範，但戰場如地獄。

的歡喜和得意，因為我們頂著各種無理要求和外部壓力，仍然把一切做出來了。我們準時完成工作，我相信這正是因為我們意識到，就算沒做完也不會是世界末日。這個想法消解了時限帶來的焦慮和生存恐慌，反而激勵我們當晚努力且有效率地工作。

　　就算錯過時限，我的創客生涯也不會因此終結。知道這一點令我釋懷，從而把時間滴答流逝帶來的壓力，導向專心提升生產力的念頭。這樣的認知也賦予我解決複雜問題的能力，專注於作品的終極目標，不論那一天是不是終點。順帶一提，清單也因此成為寶貴的工具。清單關乎動力，尤其是時間有限、但我不想感覺受限的時候，我需要知道手上的工作兜不兜得上僅有的時間。假如我在某個部分磨耗太久，**後續**還有二十個步驟要走，而時間只剩一小時，那麼我對單一件事的動力，反而會扼殺對整件作品的動力，甚至害我超出時限。清單能確保我的決策樹開花結果，讓我免於落入時間耗盡的死胡同。別搞錯，這些都是我從事廣告工作以及後來拍攝《流言終結者》時，為了順利完工所運用的工具和教訓；不過，這些方法的好處，卻是在我將經驗移轉到仿製道具師和角色扮演玩家的工作上之後，才真正開始累積，讓我獲得奇蹟般大幅提升的生產力……以及喜悅。

6

畫圖幫助構思

我利用畫圖來充實並雕琢我的構想，
也透過畫圖與其他創客和同事溝通。

你的腦中有沒有一個構想？一個你引以為傲且迫不及待想自造的構想？有嗎？很好，我想請你做個實驗。找個朋友來，甚至合作夥伴也可以，至少是骨子裡有點創作才能的人。現在向他描述你的構想，告訴他那是什麼樣的東西、如何運作、用什麼材料做成。描述它的形狀、尺寸和顏色。說明你打算如何自造：哪個位置打算鑽孔，哪一端打算磨平，哪一端要切成斜面，最後組裝要使用什麼工具。盡可能將所有細節告訴你的朋友。

現在，請你的朋友用白紙和鉛筆畫出你剛才描述的內容。允許他們慢慢畫，需要多少時間都無妨，回答他們的任何疑問。依照我的經驗，這些都不要緊，因為最後你朋友畫出來的樣子會和你努力描述的概念天差地遠，差別大到令你啞口無言，你不禁會懷疑他們到底有沒有在聽，難道你剛才說的是外國話嗎？你腦中所想的畫面和朋友畫出的圖像，差異甚至可能大到令你質疑起自己的構想（拜託不要！）。

但假設由**你**來畫呢？假如你能用一種雙方認知一致的方式，順利呈現構想，之後不論是你或他都能製造或使用呢？這個目標值得嘗試。以我的經驗來說，能夠汲取腦中想法，移轉到另一個人腦中，是很令人陶醉的一件事。這是一種對創意的賦權，讓你感覺其他瘋狂的點子似乎也沒那麼瘋狂。何況只需要一枝鉛筆、一張白紙就能做到，這樣最能賦予人信心。

直到不久之前，我從來不覺得自己特別擅長畫圖，但我的人生有很長一段時間都在畫。我天天畫圖，原因眾多。我利用畫圖來充實並雕琢我的構想，也透過畫圖和其他創客及同事溝通。我靠畫圖創造動力，也用畫圖記錄創作過程累積的新知。當然，我也藉由畫圖來建構想法。

從計畫的角度來看，不論是計畫眼前或未來的作品，我都把畫圖當作將腦中想法轉介到物理世界的翻譯工具。我經常發現在這個具體世界裡，文字並不足以完整解釋物體結構與運作方式，但完整說明物體結構和運作方式，自然是制定計畫的全部目的。如果一個計畫不能幫助你瞭解準備建造的物品，以及該如何建造，怎麼能叫作計畫呢？

今日的創客空間並不缺計畫工具。有電腦軟體和行動應用程式，以及形形色色的機械裝置，這些都有設計完善的功能，但似乎沒有哪一種能發揮單純紙筆就能做到的事。因為畫圖和其他方法不同。畫出構想跟建造一樣，具有實質有形可感知的特性，因此畫圖理當優於其他方法，輔助性也更強。畫圖這個動作是大腦把你的構想、知識和意圖，從位於腦核心的電子風暴雲，經由突觸和神經末梢，再經過手中的鉛筆，通過手指，移轉到紙張上，被白紙永遠留存在具體空間中。我漸漸體會到，這正是基本的創造行為。

用畫圖來呈現靈感

　　小時候，我家有一張漂亮的一九〇五年產布倫斯威克牌（Brunswick Balke Collender Co.）撞球桌。我還住在家裡時，成天打撞球，但沒有多認真地打，多半只是殺殺時間。我知道很多賽局玩法，足以和高手嚼砲，偶爾也打得出有用的下塞球和拉杆，曾經打出一顆星灌袋，但我從來稱不上屬害。直到搬去紐約市以後，在馬汀‧史柯西斯的電影《金錢本色》（*The Color of Money*）掀起的撞球熱潮下，我才決定認真鑽研。

　　那時候的曼哈頓，四處開起華美的大型撞球館，我永遠不怕找不到便宜場地練習。我先是每週打個幾小時，逐漸升溫到每天打兩、三小時，到後來總算有那麼幾年，我的球技堪稱不錯；好到足以挑戰高手，看看我離真正精通撞球還差多遠。

　　當時我固定在一間名為「社會撞球」（Society Billiards）的地下室撞球館出沒。白天常有一些油嘴滑舌的騙子和職業錦標賽選手聚在這裡，那些職業選手三不五時會用清檯的表現把我宰得抬不起頭來。有一天，一個叫崔佛的職業高手，年紀比我輕，但技術比我這輩子都好，他在痛宰我的途中，稱讚我方才那一杆打得不錯。我不相信他的溢美之詞，聽起來就是很典型的客套恭維，但我乾脆趁此機會，請他給點能讓球技進步的建議。

　　「你其實準度很好。」他說：「你的擊球技術幾乎和我不相上下。我只是比你有知識。說實在話，要成為屬害的選手，擊球技術大概只占兩成，剩下全靠知識。」

　　崔佛很瞭解檯面球型、擊球策略、解圍脫困的竅門和技巧。最重要的是，他很懂得和對手較量，而不只是想辦法清檯。他想告訴

我的是，他不僅跟任何優秀的撞球選手一樣，知道怎麼打每一球，更重要的是，他知道如何針對**個別**賽局計畫每一步。如此一來，他不必靠高難度的擊球化解危機，也能取勝。這就是他能成為**頂尖**撞球選手的原因。在擊出一杆前，他已經在腦海中描繪出每一局，預測並迴避潛在的危機。

　　創客對自己的作品也該做到相同的事，差別只在於畫在紙上。想要自造一樣東西，光有構想還不夠，甚至擁有所有必要的技術也還不夠──知道你**有能力**建造某件東西，跟想好你要**用什麼方法**建造是不一樣的。你必須學會在心中為你的作品建立完整的圖像，然後畫出來。用具體可觸知的媒介呈現心中的圖像，能輔助你排除障礙、想出執行步驟、改進細節，同時先行實驗。不論你腦袋裡設想的構造有多完整，畫出來之後總能暴露出你從未想過的問題。就如同列清單，你可能覺得從發想到建造之間，沒必要浪費時間多做這一步，但這是缺乏耐心的想法。能否做好前置作業，第一次就把事情做對，並且拿捏時間在時限內完成，往往就從這一步開始。

　　一九八六年，我用石膏繃帶翻模做出我的半身胸像後，忽然又迸發靈感，想做一尊鑄模中間有一個洞、心臟從洞中炸出來的雕像──典型十八、九歲焦慮青少年對生命和愛的宣言。我有提到那顆心臟是用刮鬍刀片做的嗎？那是我心目中為賦新詞強說愁的殉道聖人。儘管我腦中看得到這個構想，但我也清楚必須裝備齊全才能攻頂。我需要賦予它一些血肉、做點實驗在先，才能確保作品的實際效果與美感都合乎期待。於是我坐下來，畫了張草圖。嘗試畫出正視圖和後視圖，用圖示呈現一部分木框，瞭解需要多大的空間才能把石膏模固定穩當。素描之外，我也寫了一大堆筆記，描述每個創意選擇的意圖是什麼、期望實現怎樣的效果。因為我另有全職工

I WANT AN
interesting Knot
tying torso to
frame - Fisherman's
or something

Shoelaces-
many?

Torso hung
Like
ea tanned
hide
from natural
Wood frame

torso is only
half shell
w/ semi square
hole +
a heart
Strung in
the hole
The same
way

heart is
only
color

torso - white
Wood - Natural

Base
is a log
in half

Back
Side
View

Perhaps torso will
have tabs to tie to
Frame.

tie to

依照我的草圖做出來的雕塑，我還挺滿意的，名為「臉的流動：胸像」（見前一頁）。稍微加上一些修改和裝飾之後，恰恰呈現出我想實現的創意概念。瞧瞧當年我的小腹有多平坦！

作，萬一作品必須擱置一陣子，下次接續進度時，我馬上曉得上次做到哪裡。

　　我畫的草圖很簡陋也很平庸（我說過，我從不覺得自己多會畫畫）。但圖畫水準不是重點，你不必是屬害的插畫家，也能藉由圖畫呈現靈感，從中獲得好處。重要的是忠實捕捉靈感的意向。如此一來，只要你下決心去做，雙手自然會跟上。

用畫圖帶來動力

到目前為止，畫圖是我計畫製作一樣東西時最有用的類比方式，同時也是我所知道、推動作品前進最簡單的方法。在你順風順水的時候，創作動力旺盛充沛；但是當你碰上瓶頸，不論是作者瓶頸、自造者瓶頸，還是設計師瓶頸，你停滯不前，不清楚前進的路在哪裡，往往會扼殺動力，讓作品無限期拖延下去。真實情況是，**每一件創作**都會遇上前路不明的時刻。這些路障瓶頸，或我所謂的動力殺手，其實並不少見，反而很常出現，而且無人能免疫。財務問題、延宕、疲勞、家庭義務、失誤、意外、失去興趣、時間不足、不受好評——這些因素每個都能使得創作戛然而止，摧毀你好不容易累積起來的創作動力。

我常用畫圖作為突破這層障壁的工具或技巧。畫圖讓我對作品形成新的有利觀點，容許我拉開距離、觀察正在自造的東西，更清楚辨認出下一步。就這方面來看，**畫什麼**幾乎無關緊要。我可能替合作夥伴畫了一些參考圖，說明我需要哪些協助，或者讓對方瞭解他們的貢獻會如何納入整體的計畫。也許我會畫一些令我印象深刻的機械小組件。我可能重畫一遍當初做來好玩的東西，只為了溫習腦海中的建造結構。我可能會替作品畫一個外盒，或是完工後希望接著做的收納盒。有時候，練習想像什麼能夠盛裝我正在製作的東西，能幫助我更準確界定自己在做的到底是怎樣的作品，也有助於揭示害我卡關的環節。這些都是資訊，也是我的大腦與雙手在對話、溝通。

我遇過最難對付的動力殺手，也是我最難克服的，是錯亂。我很喜歡我十九歲做的石膏繃帶雕像，但三十多年過後，那尊半身像

有可能觸發某個更有野心的構想,例如一套全身可動的鋼鐵人盔甲(用上半身石膏翻模能做的最複雜物件,目前我只想得到這個)。高度複雜的作品會動用我所有的技術、知識及管理能力,但也會引發錯亂,覺得必須把每個創意點子發揮到極致才行。

有這麼多個別零件、這麼多不同的材料和工具、這麼多必須按照正確順序組裝得剛剛好的組件,一件作品愈是複雜,製作過程中愈有可能在某一刻令你錯亂。這部分還不能做,除非那部分先完成;這些零件還不能組裝,除非另一個先上色。當你製作的東西有四十個零件,很容易花費寶貴的一整天,才發現某個零件做錯了。我的天呀,你真的很難找到動力**重做一遍**。這種時候,經常是畫圖助我擊退動力殺手,因為畫圖向來能增加我對手中作品整體的實質理解。我最初畫的草圖,也就是把腦中原始靈感轉譯出來的圖像,幫助我從宏觀的角度具體呈現我想創造的物品。用於破解複雜的圖像,則反過來聚焦於物品本身,從所有微觀的層面去熟悉它。畫圖帶來的嶄新認識,自然而然能解鎖讓我卡關的那個部分,給予我讓球重新滾動起來所需的動力。

當然,動力的關鍵完全在於運動方向。經驗告訴我,前進的動量不論再小,依舊是通過瓶頸的唯一辦法。不過有必要瞭解,前進運動不會永遠是一直線連續不斷的線性道路,反而比較像波動、節拍,甚至是律動。每當覺得快要做不下去,我會利用畫圖重新找回律動,創造那一點點的前進動作,唯有如此,才能斬伐慣性怠惰這條惡龍。

俗話說,筆誅勝於劍伐。以我而言,鉛筆是我陷入難關時最強大的武器。用紙筆作畫,是我把作品放在心中首位的重要方法,也是我思考各部位零件的方式。不論是面臨時限、為生活中其他事務

分心，或單純必須盡快完成眼前這件事，以便進入下一件我更有熱忱的活動，這時我總會拔鉛筆出鞘，拿一張新鮮芬芳的白紙擺上戰場，定下心來繼續戰鬥，用畫圖把我的構想化為真實。

用畫圖來溝通

　　從巨像影業到《流言終結者》，我和傑米一起做過數百件作品，說不定多至千件。從簡單的東西，例如替Nike廣告做的假河床，到複雜的物品，像是依照美國內戰時期的設計圖製作、以蠟和氧化亞氮為燃料的火箭（第一次點火就起飛了！！），再到腦洞大開的**瘋狂**傑作，如八年來在三集個別節目中，在雪佛蘭羚羊（Chevrolet Impala）轎車綁上愈來愈大的火箭引擎，解答達爾文獎歷來最有名的流言。[1]

　　面對這些作品，很多時候我們的思維完全一致。我們倆對自造及解決問題的態度向來十分不同，但每當面對作品，我們總是清楚目標在哪裡，也知道該朝哪個方向前進。不過，需要表達構想或規畫建造方式的時候，事情就沒那麼簡單了。因為我們作風迥異，把個人腦中想法傳達到另一個人腦中，只有一個辦法，我們稱之為……爭吵。我們有時吵到萬念俱灰，我和傑米常開玩笑說，真期待有一天科技演進到一個程度，能在大腦基底植入小型USB傳輸孔，只要交換裝有想法的隨身碟就行了。目前看來，這一天仍遙不可及，我們只好借助跟自己釐清想法時慣用的作法──畫圖。我們三不五時就會用白板或紙筆畫出想像的樣子，實際取得共識。就此

---

1. 故事是亞利桑那州有一名男子，替他的車裝上噴氣輔助起飛裝置（協助重型客機起飛的火箭引擎），然後發動汽車衝向離地一百二十五呎高的懸崖，迎向自己的死亡。

來說，畫圖不只是成像工具，也是協作溝通的終極工具。

　　我只遇過一個人對畫圖的力量比我更堅持、更有熱忱，他是蓋文‧特利（Gever Tulley）。蓋文是《五十件危險的事：讓孩子放手去做》（*50 Dangerous Things* 〔*You Should Let Your Children Do*〕）的作者，也是Brightworks木工學校、小木工夏令營（Tinkering School）及工具製造公司「巧匠實驗室」（Tinkering Labs）的創辦人。他不只是美國的木工領袖，也大力提倡視覺傳達。

　　「我在Brightworks木工學校推了八年，希望引入視覺溝通，與文字和口語溝通平起平坐。」他說。當時我們聊到投入自造的門檻，以及一般人剛起步，希望有效合作時會遇到的問題。「我很難過，我們有的孩子十二歲了，還畫不出兩個套疊的方塊。他們好像連把兩個方塊拼在一起構成圖形的表現能力都沒有。」

　　蓋文的目標不是要教大家畫靜物寫生或風景畫，或者成為偉大藝術家，他只希望大家有能力利用視覺圖像溝通，以利彼此合作。「有的人會說：『可是我不是視覺傳達的專業。』但其實每個人都是。每個人都是視覺傳達者、講者、作者，也都是藝術家，只是程度各有不同，我們不該就此讓指針停在零的附近，讓大家自認沒有那種才能。」蓋文說。

　　他的論點很重要，也深深引起我的共鳴。他說的每個身分我都具備──我是講者、作者，也是藝術家。但若說我不是視覺傳達者，我不知道我身為創客和說書人的職業生涯現在會走到哪裡，因為我不曉得我和傑米要如何維持整整十四季共同主持與合作夥伴的關係。畫圖一直是我們夥伴關係中不可或缺的環節。

　　話雖如此，我畫圖也不見得都是為了跟自己或合作夥伴溝通。有的時候，我是為了與同好交流，或是分享我的發現；他們可能對

特定主題也具有熱忱，關心相關的作品。比方說，網路上有個我常看的論壇叫「複製道具論壇」（Replica Prop Forum），各方的道具收藏、自造、買賣交易和創客同好，會在論壇上解析自己喜愛的電影道具和工藝品。有些成員則會利用論壇記錄他們的自造作品，也有人把論壇當成交易平台，買賣自己製作或收集的複製道具。這些用途我都會使用。

有一次，我在eBay網站買到《地獄怪客》電影中知名的道具「布魯教授的箱子」，也就是水陸兩棲的魚人亞伯攜帶的旅行研究箱。不論遇到什麼樣的敵人，他都會打開箱子，查出對方的神祕底細。在《地獄怪客》電影中，他就是借助這個盒子，向地獄怪客及超自然調查防禦署的其他成員描述地獄犬薩麥爾的底細。續集中，他也用這個箱子查詢努瓦達王子釋放出來、摧毀貝斯默拉王冠拍賣會場的牙仙。好啦，總之呢，我買到之後欣喜若狂，拍了好幾張照片貼上論壇，順便附上列出箱子各夾層所有小玩意的清單。上傳後，幾乎馬上有人問我箱子各部分的測量尺寸，他們有興趣自製。於是我動筆畫圖，過程中也意外學到許多關於這件道具的豆知識：右邊門把用的漆料名稱，材料是哪一種木材，或是電影中還有哪裡能看到猴子骷髏頭。

在我的第一篇貼文之後，至少有四個人參考我的尺寸圖做了自己版本的布魯教授的箱子。我的原始圖檔好幾年後還留在論壇上，依舊有人參考圖中資訊自行製作。自己動手做一直是我人生的核心樂趣。畫圖儘管來得較晚，樂趣也不相上下，尤其是畫圖讓我和這麼多有志一同的道具收藏人士和雄心萬丈的自造者溝通交流。畫圖賦予我激起他們熱情的力量，也協助他們拓展創造力的疆界。對於任何年齡或技術層級的創客，畫圖都具有同樣的效力。它是專家或

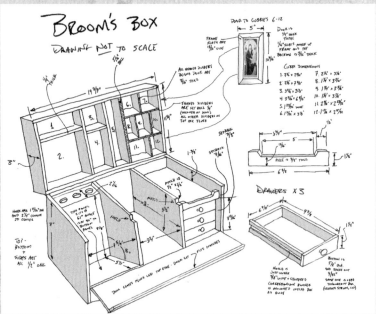

新手都能用來溝通的語言，因為從根本來說，圖畫就是普世通用的創作語言。

用畫圖激盪腦力

完成心臟炸出石膏胸像的雕塑之後，我把它掛在位於布魯克林公園坡區狹小的公寓套房牆上。將成品和草圖擺在一起比較，能激發我新的靈感，我想到或許能依照相同邏輯做出其他雕塑。我在腦中思索翻玩，還有哪些身體部位也適合翻鑄成形，刻意掛起來像晾在風乾架上一樣，就如同文藝復興解剖學家安德雷亞斯·維薩里（Andreas Vesalius）的解剖圖，只不過是儀式化的3D立體版本。最後，我將一些構想畫成草圖。

跟我為最初那尊雕塑所畫的圖一樣，這些構想圖也很平庸。但正如當初所畫的圖，畫功不是重點，而是像布魯教授的箱子，畫出我想製作的物件（以及伴隨而來的各種替代選項），能幫助我更認識我製造的東西。目的是把仍在我腦中上下彈跳的所有細節化為具體的模樣，取得恰如其實的透視觀點。這些根據構思畫成的平面概要圖，很快成為一個能找到滿滿原創靈感的地方，也始終是我實踐自造的重要環節。

你不必很擅長鉛筆作畫也能有此效果。我前面說過，我從來不覺得自己有多擅長畫畫。有很長一段時間，我覺得線條死也不肯聽我指揮，但我還是繼續畫圖。一來，畫圖一直很有用；二來，畫圖很明顯能幫助我更精確地與人溝通我的想法。這也是蓋文提倡視覺傳達能力希望實現的目標。他說：「我常聽到人家很排斥地說：可是我不會畫畫。我的反應都是：不然你先回去，這個暑假每天畫，

我針對「臉的流動」系列腦力激盪後畫出的草圖。這些我幾乎都沒做出來，但那不是重點。

等到秋天你給我看筆記簿，我們再來討論你會不會畫畫。」蓋文的憤慨不無道理。「因為我們都知道熟能生巧，練習可以讓你從鬼畫符進步到更精確、更掌控自如的描繪能力。」

倘若這還不夠，你永遠可以在其他地方尋得幫助。我會從別人畫的圖裡汲取靈感，比方鑽研墨必斯的漫畫和圖像小說，我從不感

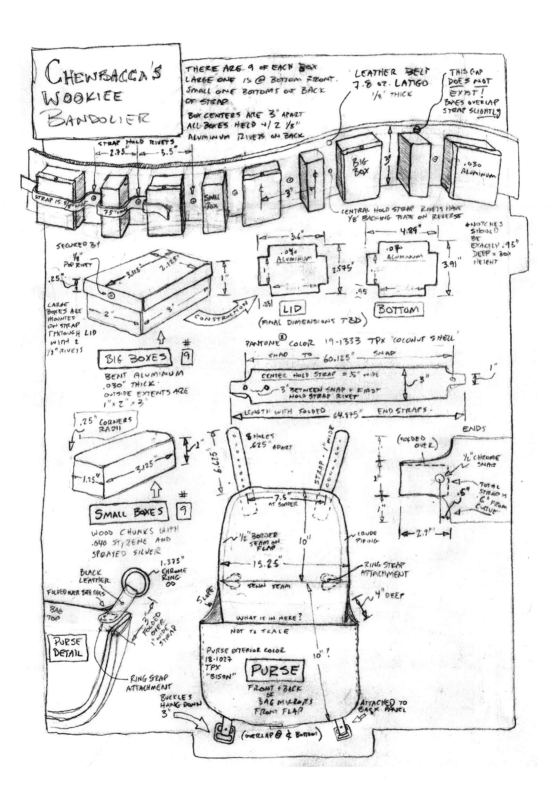

到厭倦。觀察雷利・史考特的分鏡劇本，也讓我學到很多（他是很屬害的繪圖師）。從小我就很喜歡二十世紀中各期《大眾機械》雜誌古樸的插圖。可能是圖畫的簡潔線條和多向度立體感，又或是畫師讓所有零件各自獨立、但始終指向彼此的畫法，與我的頭腦構思的方式如出一轍。我從這本偉大雜誌中的線條插畫直接汲取了不少靈感。往後的人生中，這些插圖也令我想到可以把從前製作多次的東西畫出來，把尺寸比例量度精確，這麼一來，只要我想，隨時可以再打造一個出來。我說的就是丘巴卡的彈匣帶。

　　丘巴卡是影史上一個偉大的非人類角色。我超愛丘巴卡，愛到他的彈匣帶我起碼就做過六次，一部分原因純粹是好玩，其他原因則是我每次發現新的參考素材（比你想像中更常發生），自然有必要重做一個新的。最近一次，我從星際大戰宇宙內部的來源得到兩個關鍵數據，確定我的一些測量數字。這兩個量值**完全**改變我對這條彈匣帶的認知，逼我不得不承認先前五、六次做的成品**有很多地方**並不正確。事實是，我之前使用的參考素材，推估的銀色彈匣大小，幾乎是實際尺寸的兩倍大。哦喔！

　　現在有了權威來源的真實數據，我不只得重做一條彈匣帶，而且**必須**留下紀念才行，因為只是簡單用清單列出正確規格還不夠，那傳達不出這件道具專屬的複雜程度。我決定最好的方法，就是盡全力描繪我如今掌握的所有彈匣製作的細節。我從最頂部的流線型彈匣帶開始慢慢往下，畫出每個重要的尺寸數據，以及多年來我用於組裝各部位零件的空間關係。參考這張圖，我明天就能立刻做出一條新的丘巴卡彈匣帶。只要我把這張圖分享出去，任何人都能做出來。光想到這一點就讓我開心不已，也讓我的靈感引擎和答應機加足馬力，全速運轉。

　　我先前說過，我每天畫圖，經常是為了在紙上推演想法。也有一些作品太過複雜，我無法在腦袋裡完美維持方向，畫圖有助於維持動力。有時候，則是為了彙整手上的測量數據，或是向協助我將構想化為現實的人傳達想法。不過最重要的是，我喜歡把從前做過和未來可能做的東西畫出來，因為這能讓這些東西在我心目中顯得更真實，不易生變，比單純只是靈感或記憶來得更加深刻。

　　大提琴家大衛‧達林（David Darling）曾經建議音樂家應該追求「凡能演奏之曲都能吟唱，凡能吟唱之曲都能演奏」。我覺得把吟唱和演奏換成自造和畫圖也通。兩者各自使用大腦不同的區塊，但結合在一起，將如交響樂般和諧共鳴。

7

提高你的鬆配公差

容錯公差是摸索作品樣貌與最佳作法的彈性空間，
要是不給自己足夠的空間演練和犯錯，兩者可能都難有結果。

　　我大膽預測，你會搞砸一堆事情，弄得一塌糊塗。不論是因為沒耐心或太自大、沒經驗或沒把握、知識不足或興趣缺缺，你一定會撕破接縫、拗壞零件、折斷接頭、鑽錯洞、割過頭、量不準、不守時限、弄傷自己，總而言之，就是把事情搞得一團糟。一定有某些時候，即使你沒對作品失去興趣，也會失去理智，感到困惑、氣餒、火冒三丈。

　　說中了嗎？我有六個字要送給你：**歡迎加入自造！**

　　這是一個令人興奮的時代，我們生活在名符其實創造力的黃金時代。想學習新技能或新方法，甚至是一整門學問，網路上幾乎肯定有人熱心拍了相關影片。每一分鐘都有總長三百小時的影片上傳到YouTube，其中有極大比例旨在向觀眾呈現如何自造。從刨碗、焊接、潛水、製造吉他到畜牧，網路上什麼都能學。在我的生涯早期，這麼好的資源，我求之不得。散居世界各地的這些人願意分享他們的知識和經驗，這是多可貴的慷慨舉動，又是多寶貴的資訊。

不過，我認為這些影片有很多往往少談了一件事，那就是自造過程有多艱辛。

　　自造無異於混亂。充滿了挫折與重來，一個選擇不當，好主意也可能變成壞點子。新方法、新技能、新的創造，這些都是實驗的產物；而所謂實驗，不就是可能得不到預期結果的一個過程嗎？**誰知道呢？**

　　在矽谷、西雅圖和奧斯汀這些新創產業的溫床（每個都有令人驚奇的創客空間），人們聊到創意的這個面向，喜歡用「失敗」一詞代稱，還造了很多好聽好記的名言：「快快失敗，學得也快」、「行動快速，別怕失誤」、「學會失敗，否則就是學習失敗」，而我們也大力吹捧這類修辭。這些（絕大多數是白人男性的）億萬身價的創業家把失敗當作福音宣揚，在二十一世紀初這二十年間宰制我們的文化地景，已經到了大眾把這些人及其想法膜拜為神的地步。我就住在舊金山，真的很難向你形容我有多常聽到「我們**最該重視的**就是讓孩子安全地『學習失敗』」這種說法。

　　不得不承認，「失敗」一詞很動聽，能抓住人們的注意力。「失敗」（Fail）同樣是F開頭的四字母單字。用行銷術語來說，它夠黏耳，又因為是普世經驗，所以很能奏效。我們的人生中都遭遇過失敗，往後也還會失敗。這是生而為人之必然。失敗犯錯，全盤搞砸，是人生百態不可避免的一部分。說實話，我也不信任自稱從沒失敗過的人。誠實面對自我，以及表現未如預期的地方，對一個人的人格有著重要的滋育作用。

　　但是在創意創作的語境下，我們討論的並不是字義本身所指涉的失敗。真正的失敗是黑暗無光的，會使人受傷、影響他人，需要時間振作復原。失敗是你喝醉酒，結果沒出席孩子的生日宴會。但

以上描述的都不是成為時下流行關鍵字的那種失敗。

　　時下熱中討論的這種失敗，真正想探究的是反覆重做，是實驗。我們真正談的是在追求創意發想的過程中，擁有嘗試新事物的自由和意願，直到找出能解決問題的方法。因為創意不是一直線前進，毫無中斷。創意的路徑千迴百轉，時而還須原路折返，從來不是一條直線通到底。中途不乏有「錯誤的岔路」，乍看好像是對的，能帶領你通往目標，但漸漸愈偏愈遠，最後你只好原路返回岔路口，重新選擇另一條支線，即決策樹上的另一根枝椏。

　　有一次，我替我自造的一支有焦灼鏽跡的機械手臂上漆，希望它看起來像三百年前的古物，但我絞盡腦汁也想不出該怎麼配色。我試過油漬感鐵鏽色的漆——完全是你會在具未來風格、但有鏽蝕的機械手臂上看到的顏色。結果卻出乎意料地大失敗。我一時沒了主意。這支手臂明顯需要獨特的顏色點綴，但究竟該是什麼，我不知道。我只知道需要某種非同尋常的顏色。既然不曉得何者才是對的，我就當作練習問自己：我知不知道什麼是**錯的**。以一隻來自遙遠虛構古代的機器手臂來說，**最不對、最難看**的配色是什麼？

　　意外的是，對此我倒是看法明確——拐杖糖。理髮廳三色柱。繞柱體旋轉而上的紅白條紋，絕對醜陋得**很完美**。於是我接著花了五個小時，一絲不苟地替這隻精巧的機器手臂纏上保護膠帶，漆成拐杖糖的紅白條紋。當然了，結果正如我所料，看起來醜斃了！但最重要的是，就在我撕掉膠帶的**那一秒**，我忽然曉得該用什麼顏色了。應該塗上一層青苔般蔥翠的草綠色，我實際嘗試了這個配色，至今相當滿意。

　　你選擇的支線，有些必須逼自己往那個方向走得夠遠，才會知道走錯了。這都是過程的一環。創造就是反覆重做。身為創造者，

你的責任就是必要之時不妨多走錯誤的岔路，不放棄希望，直到找出通往目的地的那條路為止。

　　無論你是模型師、陶匠、舞者、程式設計師、作家、政運人士、教師、音樂家、帽匠，其實都一樣。製造就是製造，沒有哪一個環節稱得上失敗，那些都是重新來過的歷程。重來的過程能讓你學到新技能，增加新知識和經驗，是你進步的機會，也是你創造新事物的方式。而這一切的關鍵就在於容忍力，包含譬喻性和實質上的容忍力。

　　要成為一個成功的創客，你必須擁有充沛的耐心和忍耐力，但也需要開啟你的機械公差。在工程領域，公差是指製造一件實體物品時可允許的誤差量。假設你向機械商行訂做軸襯，你通常會說希望的尺寸是多少公差加減五英絲。在我待了最久的**機械**工程領域，公差又指設計成組的螺栓與螺帽之間的間隙量。

　　想像你要裝一扇門，把測針滑入每個門鉸鏈的孔洞。假如測針在洞裡鬆鬆的，插入之後還能稍微搖動，稱為鬆配公差（loose tolerance）。假如測針卡得剛剛好，需要略施力氣才能穿入鉸鏈孔，則是緊配公差（close tolerance）。

　　不同鬆緊程度的公差各有優缺點。公差應該是鬆是緊，很大部分取決於你建造及使用一件物品會遇到的限制。假如你打算用四個螺栓接合兩片木板，而你希望螺栓與螺栓孔是緊配公差，那你的孔位必須鑽得非常精確，甚至使用精密度高的銑床。但如果你只需要鬆配公差，螺栓孔就可以鑽大一些，允許小範圍的偏差，在比較不精確的鑽床上鑽孔也無妨。

　　緊配公差可使零件接合得精準漂亮，獲得較高的性能效率。不過精確是有代價的。除了比較花時間，使用的製造設備也需要高水

準的保養和調校，才能重複做到精確與平滑。

反之，鬆配公差提供的是耐用性。凹痕、坑疤和塵垢由於有空間移動，不至於妨礙機械總體的性能表現，零件可承受較多的磨耗。卡拉什尼科夫步槍（Kalashnikov rifle，即AK系列步槍）就是很好的例子，鬆配公差的結構使之在戰場上更為可靠。AK-47步槍全部位都設計成鬆配公差，因此可以在想像得到最髒汙的環境下修理、組裝、改良到滿意為止。也難怪AK-47步槍是全球貧困國家的游擊兵和軍隊最愛用的武器。

緊配公差或鬆配公差也可能造成價格昂貴或便宜的差異。汽車引擎有便宜和昂貴之分，主因之一就是公差。高檔車引擎零件的製造精度可能是十英絲，便宜引擎的製作精度可能只有約一英絲。聽起來差距好像還不到一根頭髮寬，但實際差異卻很顯著。一根插銷插在較鬆的洞裡，會搖晃、震動。震動是能量吸血鬼，會偷走插銷所在機械裝置預定的運動能量，連帶減損機械的性能。把插銷和孔洞的間隙縮緊，就可以改善能量轉換效率。

公差的概念不僅在學習建造較複雜物件的時候很重要，對於實際製作完工也很關鍵。因為在製作過程中，絕對有必要為自己建立鬆配公差，給自己一點失誤的空間。我稱此為「容錯公差」（mistake tolerance）——這是我在這裡現場發明的名詞。很多人以前很害怕這個概念。我們害怕搞砸，好像一旦沒「做對」，先前的努力就白費了。不管是浪費時間、金錢、才能或他人的耐心，凡是浪費都不可容忍。然而，容錯公差是摸索作品樣貌與最佳作法的彈性空間，要是不給自己足夠的空間演練和犯錯，兩者可能都難有結果。

從做（壞）中學習

　　我常戲稱自己是連環技術收集狂。我從年輕以來做過太多不同的工作——從送報生到電影院放映員，從平面設計師到玩具設計師，再到家具設計師，乃至特效模型師，我的虛擬百寶箱豐富到滿出來。但我依舊喜歡學習新的思考方式與整理術、新技術，還有解決舊問題的新方法。不過，為了技術本身而去學習一項新技術，我倒是從來不感興趣。技術本身很少是我最關心的事，它往往是我對自造的痴迷，或想擁有某樣**東西**的渴望所產生的附加獎勵。我擁有的技術，都只是我精神箭袋中的箭矢，是我解決問題百寶箱裡的工具，僅為做到特定**那一件事**而存在，每一項都只是達成目的的手段，我也單純為此去學習。到頭來，也不知道是我向來如此，還是日久養成的習慣，我漸漸發覺，能用它來做某件事或運用在現實世界裡，已經成為我想成功學會一項技術的**唯一**方法。

　　我最早習得的一項「技術」是拋球雜耍。我爸想要娛樂賓客或手邊正好有三顆蘋果的時候，都會祭出這招。小時候我非常喜歡學我爸，自然也很想學會拋球。可惜我這個人向來沒有體育天分，同時拋接多顆球又不能掉在地上，這麼高超的手眼協調能力，我似乎掌握不來。但經過無數個星期在房間裡拚命掉球外加低聲咒罵，以及《給笨手笨腳人士的雜耍大全》（*Juggling for the Complete Klutz*）幫助下，我總算解鎖體內潛伏的馬戲團演員。[1]

　　十二、三歲時，我迷上了鐵道模型，把雙層床的下鋪全奉獻給一套漂亮精緻的鐵道組。我在圖書館看了好幾本關於模型火車製造

---

1. 後來我又在十六歲那年強化馬戲團技術，花了一個暑假學騎獨輪車。

的書籍後，便靈機一動，想在鐵道組周圍建立一個更大的世界。對真正的鐵道迷（我也在圖書館的書上學到ferroequinologist這個字）來說，這是鐵道模型嗜好很重要的一環。鐵道模型愛好者喜歡**自己**製作場景，包括地形地貌、自然景觀、房屋建築、整座城鎮。用現成材料包也不行，必須從原料做起，稱為「從無到有自造」（scratch building）。我組裝過很多塑膠模型材料包，但從無到有的自造感覺是大人等級的打造模型。在相關書籍和我爸的協助下，我學會用卡紙做雙層樓房，調顏料替屋瓦上色，也學會利用平面紙型為城鎮中心的圓樓做出複合曲線。很快地，一座想像的城鎮就在鐵道周圍興盛起來。

二十五歲前後，我在舊金山劇場界接案，我趁著空檔到非晶態機器人工作室（Amorphic Robot Works）擔任機械藝術家兼機器人製造師奇可·麥莫特利（Chico MacMurtrie）的助理。奇可做出各種奇妙的機器人，能跳舞、打鼓、繁殖、化身為建築物，還會說故事。我在奇可的工作室學到太多了，但那段時光有一件事我永遠記得。我在他的工作室第一次看到車床。

奇可有一架漂亮的舊型三十六吋工匠牌（Craftsman）車床。他帶我從基礎學起，包括把東西固定在夾頭內，開關機器，把工具放進橫向滑座以切割夾頭內的物件。車床看起來很酷，但我對**實際使用**興趣缺缺，一直到我需要製作東西，而車床是唯一合適的設備，我才對它產生興趣。

九〇年代早期的舊金山，是全美最盛行車庫拍賣的城市。每逢週末總能看到數以百計的人清空家中碗櫥和衣櫃，四處搬運，在街上販售古著舊物，我們笑稱為「車庫出巡」。當時，那也是我週末固定的消遣，早年還住布魯克林區時，我就有做「破銅爛鐵藝術」

的習慣，來到西岸以後更是變本加厲，有一大部分原因要歸功於我總算找到工作，多了些閒錢可花。某個週末，我照例四處逛逛，偶然間發現一組精巧美麗的可攜式摺疊木製西洋棋組，可能有七十五年的歷史，製作工藝令人嘆為觀止。但棋子只剩下一半，只剩白棋，沒有黑棋。於是我決定用奇可的車床把缺的棋子做出來。這架機器對我還未留下有意義的經驗已無關緊要，重點是，這些西洋棋子將帶給我深具意義的體驗。

這個時候，為自己預留一些鬆配公差就很重要了。回到奇可的工作室，我向朋友吉歐說明我想做的西洋棋子，我們為了要如何使用車床展開一場哲學辯論。吉歐是個有真本事的創客好手，但做事方法和我大相逕庭。他是電腦科學家，也是優秀的工程師，凡事講究方法和冷靜。他可以從地上隨手抓起一根螺絲釘，瞄一眼就告訴你那是十番三十二牙的細牙螺絲或十番二十四牙的粗牙機械螺栓。吉歐一切首重精確。他堅持先畫出想切割的每枚棋子的側視圖，量好圖樣的長寬高，再依照測量數字用車床依序切割，做出我們想要的棋子。

我比較像一列沒了煞車手卻仍在鐵軌上轟隆奔馳的火車，做事方法同樣橫衝直撞──我想直接切割金屬，直到形狀對了為止。吉歐聽了非常不解，那要浪費多少時間和材料！和傑米合夥主持《流言終結者》以後，我終於能理解吉歐的惱怒和真心困惑。傑米常開玩笑說，假如我們各自有四小時執行一個企劃，他會花三個半小時繪圖並規畫所需的零件，然後一次建造完成。而我則是幾乎不花時間計畫，直接嘗試五種不同的方法，直到找出可行的那一種，但最後我們都會在相同時間內獲得相同的結果。

既然有奇可的車床，我對認識棋子構造沒興趣，我想直接使用

車床，**擁有**讓西洋棋組完備的棋子。我打算直接動手做，學習操作金屬車床的感覺。轉動曲柄啟動機具，切割旋轉的小鋁條，最後形成一枚棋子，這讓我對這件機械工具和機具切割的金屬產生實質的體感。失敗也好，成功也罷，我在那個下午學到移動金屬和操作車床的韻律，比任何書本能教我的都來得多。這並不是說，從經驗和直覺得來的知識能取代閱讀，我要說的是實作經驗可以錦上添花，補足閱讀無法觸及的知識範圍。**動手做**，能把唯有透過反覆嘗試才能獲取的知識植入體內。

　　每個創客在學習新技術或從沒試過的新事物時，有必要給自己留點搞砸的空間。搞砸**也是**學習。最好的方法，就是多預備一些材料當作緩衝。比方說，你是個滿懷抱負的時尚設計師，某天心生靈感，想做一套新洋裝，需要用到四碼的布料和獨特的裁縫技術。到了布料行，你不能只買四碼布，應該買八碼，甚至**十二碼**。要是預算有限，那就一半買店裡最便宜的布料，另一半買你實際想要的昂貴布料。這麼一來，萬一裁錯尺寸、撕破布縫，或是裙襬打翻了咖啡（相信我，這些都會在意想不到的時刻發生），起碼損壞的是便宜布料。等你掌握了正確的節奏、形狀和圖案，還能用便宜布料當版型，對在貴的布料上剪出布塊，好布料的一根線頭都不會浪費。

　　這個方法適用於所有創意領域。假如崔絲要準備二十人份的三道菜套餐，菜色包括主餐康瓦爾春雞和甜點舒芙蕾，她不會只買二十隻雞和剛好夠做二十份舒芙蕾的食材，尤其她不擅長烘焙。她會買二十五隻雞，以免其中哪一隻掉到地上，或是備料時不小心切傷手指，流血汙染了雞肉。另外，她也會備足二十五份舒芙蕾的食材，因為這種精巧費工的點心，難免會有一、兩個塌陷。額外的食材可以給她緩衝空間，減輕為這麼多人烹調大餐的壓力，同時也給

她空間嘗試新作法。

　　每次著手製作複雜的物件，我又不熟悉材料或方法的時候，都會這麼做。想要一個成品，我會先做三個。想要五個，我會計畫做八個，因為過程中多多少少會搞砸，備有額外的零件才保險。這是預防（不可避免的）失誤的緩衝器，是我的安全閥。我的計畫永遠是：我不知道情況會有何變動，只知道**一定**會生變，所以最好預做準備。像製作《地獄怪客》的機甲手套時，每個零件我都做了四份，包覆每一根手指的玻璃管也各訂做了四個。等到我不再犯錯，也不再走錯路了，材料還夠我做兩副手套——我自己一副，一副給吉勒摩‧戴托羅。

　　二〇一七年末，我想讓我的機械加工技術更上一層樓，決定為一件棘手的物品加工來累積經驗值，那就是我那仿製阿波羅太空裝的胸前接合器。阿波羅太空裝的胸前一共有六個接頭，只有兩個一

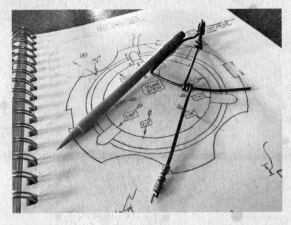

這件作品其實始於一張圖。我在心血來潮的當下就決定做出來，但手邊沒有圓規，於是用衣架做了一個。

最後的定稿圖，旁邊有兩個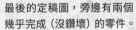幾乎完成（沒鑽壞）的零件。

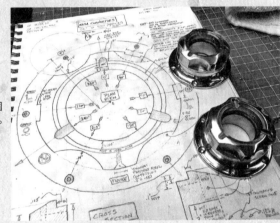

所有零件都完成後，我寄給一位金屬氧化師，為零件添上美國太空總署裝備特有的紅藍色澤。我很難形容我收到成品時有多興奮，簡直像過耶誕節！

模一樣，代表我得做出五個極其相似又有細微差異的零件，每個都需要十一種不同的機械加工設置——這是我從未探索過的複雜工序，自然也提供了**眾多**搞砸的機會。為免真的搞砸，我收集了足夠做八個接頭的材料，以求保險，但這只算得剛好而已。我在製造的早期階段就把兩個零件給徹底鑽壞。幸好，我從一開始這兩起失誤中學到教訓，剩下幾個都做得精美無比，最後太空裝的成品亦然。

創造就是反覆重來

　　蓋文跟我說過Brightworks木工學校早期發生的一段趣事。他在教會區一間舊美乃滋工廠創立了這所工匠特許學校。立校後第一年或第二年的某個週一早上，學校一位老師把班上教室的所有椅子都

收走。學生到校後，個個滿頭霧水。「大家的反應一律是：『不會吧，我們的椅子怎麼了？』那些小朋友都是校內七歲的學生。」他回憶說。

七歲！才小學一、二年級，但他們聰明又大膽的老師給了大家兩個選擇──你可以罰站一整年，或者跟我到工作坊去，自己做一把椅子。這個辦法太教人興奮了，就讓蓋文代我說下去：

「於是呢，大家前往學校裡的木作坊，用各自對螺絲起子和黏膠等工具的天真設想，動手做起椅子。有的椅子連搬回教室都沒辦法；沒有一個人的椅子能撐超過兩天；坐一坐就解體了。但每次只要有人椅子壞了，原主人就會把椅子搬上課桌，大家圍觀討論這張椅子出了什麼問題。

「過沒幾天，班上又回到沒椅子可坐的狀態。這位老師便說：『我們再試一次，做新的椅子看看。』大家又回到木作坊製作第二代椅子。這一次，因為觀察過許多椅子，看過十字橫桿和其他各種支撐物，小朋友的概念明確很多。因為他們已經發現，四根椅腳假如不一樣長，椅子很快就會解體。

「第二代作品以椅子來說好很多，但只是因為改善過，組裝起來不會解體，不代表坐起來舒服。所以同學們又製作了第三代，這一次他們真正開始注意椅子的類型了。他們做了田野調查，到自製家具的家具行去，坐在一旁看工匠用榫釘組裝椅子。大家扎扎實實上了一課，慢慢懂了所有相關步驟：喔，原來這些要裁切成三十二分之一吋。原來椅子用的木材不是軟松木，而是某種硬木。

「他們把這些知識帶回學校的木作坊，動手做起第三代椅子。不像第一代椅子一天就得扔了，成品壽命只有一天，這一次他們弄懂了組裝順序，曉得把每個組件黏緊壓實，還計畫用鉗夾固定一整

夜。他們小心翼翼按照正確順序組裝，因為大家知道要是順序錯了，椅子是組不牢的。他們得想好每個步驟、進行接合測試，所有環節按部就班，最後他們獲得了一件家具，不再只是一片你也不懂為什麼會這個樣子的破木板。」

Brightworks木工學校的這位老師，帶領一群七歲學童歷經反覆重做的過程，做出完整、周到、精細且對每個學生獨一無二的作品。她給予大家空間，任由他們嘗試在其他椅子上看到的新點子，允許他們失誤犯錯。更重要的是，透過反覆重做，她也給大家機會修正先前的錯誤。學期末，每個小朋友都能把自己做的椅子帶回家。他們可能會一輩子保存這張椅子，以及在過程中學習到的眾多技術。這些椅子是反覆學習、熟能生巧的具體展現。

有一次，我兒子辛格想替他的萬用工具鉗做一個跟我一樣的腰帶掛套，我也用類似的方法教他。那年的耶誕節禮物，他收到一把萊德曼牌（Leatherman）的萬用工具鉗（你非知道不可的話，是萊德曼EOD爆破小隊工具鉗），所以他想做一個和我一樣的鋁製護套。當然了，我的護套不光是「我的」，還是我**做的**。我數不清替自己重做過幾次。

我在腰帶上佩掛萬用工具鉗已有三十年之久。假如蜘蛛網真如

某些動物研究學者所言，是蜘蛛製造的延伸神經系統，那萬用工具鉗就像我的第三隻手。我太常使用工具鉗了，沒掛在腰帶上的時候，我還會像罹患幻肢症一樣，出現「幻工具鉗」症狀，明知道工具鉗不在那裡，還是以為腰際感覺得到它。我目前的附肢是一把萊德曼Wave工具鉗。我在光影魔幻工業當全職模型師的時候，發現時不時會用到萊德曼工具鉗，次數一多我就懶得再用原本的壓釦皮革護套了——每次使用工具都要開關壓釦，一天起碼要開關五十次，實在太花時間（可見得我從以前到現在有多沒耐心），於是我自己用鋁片和長條皮革設計了一個護套。

　　我費了幾個鐘頭把初代原型組合起來，中間也搞砸了幾次，往後我在腰際佩掛將近十年的版型才總算固定下來。後來，我的金屬加工技術進步許多，有能力用單片鋁片做出一體成形的護套，梯形的工具鉗能完美嵌合其中，用一根手指就能把工具鉗推出來。我就算把工具鉗倒掛在腰際（我真的做過），也不用擔心它掉出來（確實不會）。於是我重做了一個護套，沒多久又重做一個。每次重做都改良得更完美。我現在就佩掛目前最佳的版本。取出或收回工具鉗時，甚至會發出心曠神怡的「喀鏘」一聲；我特地請音效設計師錄下這個聲音，收入機械音效隨機資料庫。

　　我兒子並不笨，他知道我的護套是自己製作的，而他也想自己做一個。他問我能不能去「洞穴」（The Cave，我目前的工作室，跟Brightworks木工學校同樣位在教會區）製作，我說當然可以！但我也把話說在前頭，他至少要有重做三次的心理準備。他嘆口氣表示，那就算了。但我把剛才說過的故事告訴他：我的第一版護套，總共試了四次，而我現在配戴的這個，也是試了兩次才成功。他鼓起勇氣動手做，結果正好經歷三個版本，才做出他期望的護套。並

且正如Brightworks那些七歲小朋友，他到今天都還留存且持續使用他的作品。

　　容錯公差對創作的這一面特別寶貴。當你曉得自己想做什麼，但不太確定成品該是什麼樣子，或者功能該如何運作，你需要允許自己做實驗，反覆重做直到抵達目標。你不只能獲得期望的成品，技術也會因此精進。你必須一遍、兩遍、三遍，反覆重做。預期犯錯，就是在不熟悉與未知的事物周圍保留緩衝空間。我兒子起初因為這個觀念卻步，因為他繼承了我的沒耐心，想一氣呵成，第一次就做出他想要的護套。但若是你每次打造新物件都期待一次就成功──甚至更慘，你以此要求自己，沒做到還會懲罰自己，那麼你對自己做出的成品永遠不會滿意，自造也永遠無法帶給你快樂。

認識自己的容忍程度

　　給自己實驗和犯錯空間的一大好處是，久而久之你會養成直覺，知道一件作品何時需要緊配公差或鬆配公差，包括實際建造過程，以及你的心理建設。這也是安德魯為皮克斯的專案擔任顧問時抱持的態度。他告訴團隊成員，他們初次嘗試的結果一定很爛，他其實意在指出該專案內含的鬆配公差，允許大家在實作上有點混亂也無妨。他給大家重做的餘地。這是他長久以來琢磨出的能力，但也源自於他的工作環境。

　　「皮克斯很早就學到一件事並將它制度化，那就是萬一做錯了要怎麼辦？你要如何應對？」安德魯和我聊到他對皮克斯開發製作電影方式的看法。他拿挖掘恐龍化石來比喻。首先，你萌生一個點子，也覺得自己知道應該往哪個方向走。你盡力做了最準確的預

測，但多半都是唬爛。「這形同宣稱：『直覺告訴我，這塊地底下埋著**霸王龍**！』隨即動手開挖一樣。」假設猜對了，進展順利，「你唯一能自豪的功勞，好像也只有挑對地方開挖。」但是事情很少這麼順利。以下由安德魯敘述皮克斯內部發覺走錯方向的一刻：

　　「萬一你把化石骨頭全部挖上來了，假定四年的企劃這時通常已經過了三年，你把所有骨頭拼起來，才赫然發現：『靠，慘了！這根尾骨其實是頸骨，那根頸骨才是尾骨……等等，原來我挖到的是**劍龍**。』那怎麼辦呢？你有那個膽識向你的團隊、你的投資人，向所有人承認當初你承諾會挖到霸王龍，結果多年後得到的卻是一隻劍龍，因為這就是發掘出土的東西，而你只是實話實說嗎？我們就敢這麼做。我們說故事和編故事的本事沒有比人強，我們只是有膽子承認實際挖掘出土的東西。」

　　皮克斯團隊面對編寫故事和製作電影必須反覆實驗的特性，經驗十分豐富，他們已經在製作流程中建立充足的容錯空間，不只允許失誤和走錯路，也有現成的應對機制。就像安德魯所說的，這需要很大的膽識，但成果不容分說。結果證明，不管是動畫或真人電影，皮克斯做出近五十年來最感動人心的多部作品，其中許多票房收入都上看數十億。

　　當然，不是所有作品都適用鬆配公差。有些基於許多原因，會要求非常嚴格的緊配公差。《流言終結者》早期有一集節目，我們決定破解一起知名的都市傳說：一名潛水員曾經被消防直升機吸上天。通常消防直升機出動時，會將巨大的吸水管伸入附近的湖泊，以每分鐘兩千加侖的速度把水抽入大水箱，再澆灌到火場。據說有一名潛水員在森林火災後被人發現卡在樹頂，已經燒成焦炭。調查員唯一想得到的解釋，就是他原本在湖中潛水，意外被直升機吸上

空中，投進火場。

　　現實中，消防直升機是一定有的，他們用的抽水幫浦也確實存在，但沒有人，真的沒有半個人，願意借我們一架直升機供節目拍攝。我們聯絡了全國各地機關，包括所有願意接我們電話的消防局、森林處和縣警局，電話打了好幾星期，一再聽到「不行」這個答覆。節目的名氣常常讓我們受到特別通融，取得特殊的資源，但這次反而對我們不利。為了節目實驗要動用這些造價昂貴的幫浦，沒有人願意冒這個險。

　　最後我們不得不承認，幫浦是永遠借不到了，製作人轉頭對我說：「我看你們只好自己造一個。」但執行上有兩個難處。首先，製作過程將只剩下我一人，因為傑米得了流感，病得不輕，必須請假休養兩星期。認識傑米的人就知道，要他待在家裡整整兩星期，世界都要崩塌了。就連他也很佩服流感病毒能把他整這麼慘。第二個難題是，我沒建造過那麼大的機械。雖然運作原理我都懂，但目前我自造過的機械幾乎只有小烤箱大小，頂多和人等高。這次的抽水幫浦將近十五呎高，而且功能必須絕對完美。因為這是要用來檢驗流言的裝置，沒有中途故障的道理。這個案子只許成功，沒有犯錯的餘地。

　　為什麼？因為我們設計的抽水幫浦會用到一根長八呎、直徑十二吋的不鏽鋼入水管，頂端是一個用同尺寸鋼管斜切焊接的出水口。管路上方會架設一個兩百五十馬力的外掛式馬達，是我們在分類廣告網站上購得的。馬達需要一根與八呎長的入水管等高的機軸，插入管路中央。馬達推進器則架設在水管底部，用我們希望夠強的馬力把水抽上長管，從頂部的斜管吐出來。

　　我首先簡單推想，這個裝置如果失敗會是什麼情況？當你擴大

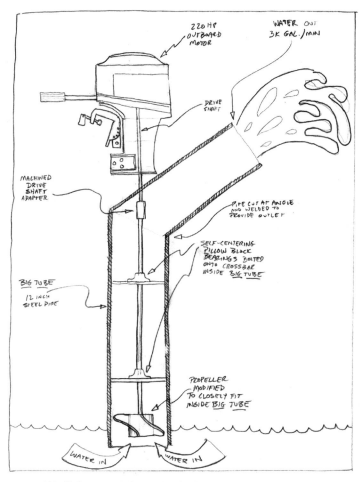

請相信我，不是我臭屁，這個幫浦的抽水效率絕佳，而且公差極小。

一個高速強力馬達的輸出量，你的頭號敵人就是那陰險狡詐的能量吸血鬼——震動。所以不能只是把一根管子焊接上去。管子還必須高度同軸且穩固，才能夠維持在正中心旋轉。管子也不能只是上下固定就好，因為在高速轉動下，連堅硬的硬化不鏽鋼軸也會因離心力向外彎曲（稱為外拋）。所以我設計了一個管內系統，用「軸

枕」（pillow block）這種防水、高速的自動調節軸承，將馬達的輸出軸沿著管身於多點固定。接著，我把馬達原來附的推進器拆下，用車床加工裁切到能放進直徑十二吋的鋼管內，公差**非常、非常小**，確保這個高效能系統不會因為震動和外拋佚失能量，但足以全力把水向上抽。於是，我開始加工製作耦合器、接頭、馬達軸的固定器，確保每個零件誤差值都在幾千分之一吋以內。與高檔汽車引擎一樣，構造採用緊配公差，代表所有能量可以直接傳向馬達軸。

重點來了。開工的時候，我還不知道這些事，但我坐下來，一步一步假設失敗的狀況，分析該如何避免，同時考量到時間和預算，這個企劃將不會有第二次機會。就在這時，我忽然發覺我**其實**知道要怎麼做。以往建造過那麼多次機械，有些成功，有些失敗，但我早已從中習得相關技術。也可以說，我早已經由重做，學會了箇中原理和全套技術，只是不曾套用在十五呎高的消防抽水幫浦這麼大的物體上。知識早就熟記在我的腦中，只是還沒拿出來用之前，我不知道它的存在罷了。

對我和傑米個人來說，這是《流言終結者》留下的長久收穫。主持這個節目以前，我們都有夠多的高階經驗，自認算得上屬害的工程師，很會解決問題。但合作十四年後再回頭看，我們都能清楚看出自己當初有多天真，而這些時日裡，我們允許彼此突破認知侷限，給彼此搞砸的空間，讓我們倆都有長足的進步。不說別的，看結果就知道，包括節目的製作水準和各自的技術能力，在我們離開時都成長了十倍。我們兩人都因為這段經驗而徹底改變。

當我們第一次啟動幫浦，看到它順利施展魔力，尤其那集節目製作上處處受限，最後還能成功，感覺真是說不出地歡喜。傑米在最後關頭及時康復，回來協助我做最後的調整。正式按下開關的那

一刻，幫浦不只符合期待，以每分鐘兩千加侖的速度抽水，甚至衝上**每分鐘三千加侖**。

　　我另一段緊配公差的創作經驗發生在隔年，《流言終結者》步入第三季，漸入佳境且大受好評。我的收入進帳豐厚，終於有閒錢做一把《銀翼殺手》掌心雷手槍的完美仿品──這已經是我的第三把，但這一次用的是真槍零件！我的前兩個版本做得很認真，但錯誤百出，反映出製作當時的人生處境和技術層級。第一把有種卡通喜感，是八〇年代末，用我在曼哈頓運河街一家店發現的玩具槍零件做的。草圖初稿則是用一台蹩腳的十九吋組合式電視錄放機，重複看了好幾遍《銀翼殺手》錄影帶，才畫出來。第二把槍，則是九〇年代末，我在光影魔幻工業當全職模型師時期所做。我在舊金山的模型專賣店找到一些參考素材，託此之福，手槍外型還原得十分逼真，只是尺寸比實際道具小了兩成。

　　到了二〇〇五年，我總算能夠正確仿製。很大一部分要歸功於九〇年代，兩位《銀翼殺手》鐵桿粉絲菲爾‧史坦許奈德（Phil Steinschneider）和理查‧柯爾（Richard Coyle），做了詳盡的調查，分辨出原版掌心雷手槍用了哪些真槍零件拼裝而成。槍身主體出自曼利夏點二二二口徑靶槍（Steyr-Mannlicher .222 target rifle）的機匣和槍栓。槍體內部（及承裝真彈的零件）則出自短管五發左輪手槍（Bulldog 5-shot revolver）。對我這種《銀翼殺手》狂粉來說，這些資訊有如天賜大禮，只可惜真槍價格不菲，上述兩把手槍恐怕要花我好幾千美元。我是收入不錯，但還沒有編劇狄克‧沃夫（Dick Wolf）靠《法網遊龍》（Law & Order）賺得那麼多。這兩種槍我只能各買一把。

　　問題應運而生：兩把槍都需要重度加工，才能改裝成我想做的

上圖：我的第三代也是最終版《銀翼殺手》掌心雷的槍管、槍匣和滑套，組裝到一半。

下圖：第二代掌心雷（中），很快就會被第三代掌心雷（左上）擠下王座。

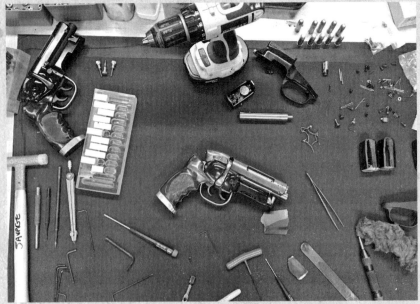

除了編號以外，每個想得到的細節都精確重現原貌。大部分的人會去掉自己的靶槍編號，換成電影原版槍的正確編號 5223。但這方面，我喜歡我的槍略有不同，好像這把是我專屬的槍。

道具。但我只有各一把可以處置，下每一刀之前都必須**百分之百確定**，沒有閃失的餘地。完全沒有。史坦許奈德和柯爾很聰明，他們先做了槍枝零件的鑄件，尚在開發正確製作步驟時，就用鑄件試驗改裝。借助他們的細心研究，以及我從幾年前浮出水面的道具真品點滴收集而來的資訊，我展開小心翼翼、煞費苦心、步驟繁瑣的槍枝改造工程，再將零件拼裝成我的掌心雷。

　　這是創作過程中派得上用場的另一種公差。不像巨大抽水幫浦考慮的是成品效能，這時考慮的是材料資源有限。既然沒有「容錯公差」，那就只有一種合理且有效的替代品能幫助你實現目標——時間。當資源或知識有限，時間是你唯一能為作品建立的容錯公差——你只能慢慢來。回頭說到用靶槍和左輪手槍零件改裝成第三代

（也是最終版）掌心雷，我可是用了多到不行的時間才把它做好。事實上，我前後花了四年多才完成。代價高昂，但有其必要。要是年輕時比較沒經驗的我，很可能會忽略這點而飲恨告終。

　　但現在，多了無數次錯路折返和修正錯誤的經驗，當我要做一件對方法沒把握的事，或是手邊資源不充裕，可能工具或材料庫存不足，或者沒有容許失誤的餘地，那都無所謂。遇到這種情況，慢慢來就是我的頭號法則。我會放慢速度，非常地慢。甚至比你此刻想像的還要慢。

　　技術熟練的手工藝匠，對所屬領域已累積充分的知識，能以符合成本效益的速度作業，不會花太多時間做一件工作，否則賺不了錢。但對於我們這些非單一專業的通才，或單純有雄心壯志為自己做點東西的業餘玩家來說，往往能夠用時間頂替部分的專業知識。應付不熟悉的領域，此乃一大祕訣。

未知的終點

　　許多人常把自己經歷的一連串彼此相關的事件比喻為一段「旅程」，暗示那是沿著一條道路持續前行的旅途，有起點，也有終點。這個比喻十分貼切，因為不論發生於內心或外在，行動就是有向量的運動。現實的路途中，你大多知道終點在哪裡，而前往終點所走的路，則是綜合指南、猜測、記憶，甚至是口袋裡的行動衛星導航裝置，以及一些摸索與嘗試的結果。

　　但假如你不確定終點何在呢？那這條路會是什麼樣子？照常理來說，會有很多分岔，數不盡的分岔。每一條岔路都可能是對的，也可能是錯的。你怎麼知道是對或錯？你應該知道你想前進的方

向，你可以評估你選擇的岔路，是否讓你離正確方向更近了。你也可以仰賴經驗。你愈常花時間在這一條「路」上走，犯過愈多錯誤，見過愈多局面惡化和走錯方向的方式，也能愈快導正局面，重新朝向你確信是最後終點的地方前進。

　　畫家法蘭西斯・培根（Francis Bacon）有一次和藝評家大衛・西維斯特（David Sylvester）對談時，述及他對繪畫的看法：「你心中有個意向，但真正的成果在作畫當下才會出現。」像培根這樣傑出的畫家，他想說的很明顯，他的畫就像狩獵，他永遠不確定最後會捕捉到什麼。不論創作種類，只要是自造者面對任何作品，你永遠不會**真正**曉得終點在哪裡。你知道你的起點，大概也知道有哪些「待解決的問題」。你可以利用白板討論最終目標，幫助自己思索希望的終點，或至少給終點應有的樣子一個大概的輪廓。你甚至可以想想自己希望有怎樣的「感覺」。在這方面，有北極星指引前進總是好的。但這改變不了既定事實——再多的準備也無法告訴你，走上創作之路才明白走不到計畫中的終點是什麼感覺。再多的假設構想、紙上談兵、圖畫分鏡、刪去選項，也無法為你呈現真正的終點，你只有抵達後才會知曉。

　　原因很簡單。十九世紀普魯士陸軍元帥赫穆特・馮・莫爾克（Helmuth von Moltke）曾在不同時空背景下，鏗鏘有力地說：「沒有計畫活得過初次執行。」換句話說：你有多少作品是最後的結果和原本想的**一模一樣**？有多少確實如你所願進展順利？沒有錯誤，沒有打岔，想要多少時間都有？依照我的經驗，答案近乎於零。但我也認為，身為創客，我們就是喜歡這樣，這就是我們從事創造的原因。我們之所以堅持自己做的這件事，正是因為無法預知結果。假設能確切知曉日後的演變，怎麼會想繼續做下去？那還有

什麼意義呢？

　　馮內果（Kurt Vonnegut）喜歡說：「旅行中偏離計畫迷路，是上帝教授的舞蹈課。」我認為，這就是創作的真正奧祕。正因為如此，我們才會在每次愚蠢地失誤、每次走錯路、每次計畫失敗、每個假設被推翻之後，依然懷著更多期望重新來過，直到最後化為一個個成果。我們只需要放寬對自己的容忍度，給予自己犯下種種錯誤的空間。只有這樣，我們才能學習；只有這樣，我們才會成長；也只有這樣，我們才可能做出真正傑出的作品。

8

螺釘勝過黏膠

黏膠並不附帶選擇的機會。
東西一黏下去，膠體固化後，就不太可能再乾淨無痕地撕開。

傑米向來覺得製作東西，無非是把大塊材料用特定方法裁減縮小。這倒也沒錯，但只是公式的一半，還忽略了組裝。多年來，我做過的東西很少是一體成形、只有單獨一塊。大多時候，我做的東西都是先有零件，再把零件裝配成形。沒錯，零件的確是從大塊材料用特定方法裁減縮小的組件，但最後都會裝配起來，做出比任何原材料更大且複雜的物品。

裝配，是工程師「把東西組合在一起」的慣用說法。將零件組合起來的這個步驟，總是充滿不易察覺的風險。尤其裝配通常是最後一道步驟，而具體自造過程當中，眾多風險最高也最棘手的工序，多半也出現在即將完工前，失敗的代價相形更高。假如在完工組裝階段失手弄壞一個零件，你必須倒退好幾步重來，才能回到失誤前一刻的狀態。

這是每位創客常遇到的風險，多年來我被害慘不下百次。但每一次被迫折返，從零開始再做一次某個零件，都讓我有時間充分思

考如何一開始就避掉這些風險。我學到一個好工匠並不是從來不會
犯錯的人。大師級工匠也和其他自造者一樣會遇到所有相同的難題
和陷阱，只是他們比較有經驗（透過一次次克服困難、辛苦掙得的
經驗──自然界首要的學習工具），能比新手更早預見風險。也因
為看得較遠，有更多時間可以避開。這項智慧當中很重要的一環，
就是瞭解最適當的裝配方法。

　　需要將兩個東西接合時，你有兩種方法可選：機械式或非機械
式。機械式接合，就是螺絲和釘子、螺帽和螺栓、鉚釘或別針、拉
鍊或魔鬼氈等，任何可用（還算）容易的方式重複拆除、更換，而
不會損傷所連接之零件的接合扣件。非機械式接合很容易懂，就是
黏著劑，如黏膠（或膠帶）。[1]兩者相比，黏膠常常是求快會用的
辦法。機械式接合則需要較多的計畫和施工，要花的力氣自然也比
較多。但機械式接合是可逆的，所以能保留較多的額外選擇，因此
我偏愛各式各樣的機械接合零件。

　　螺帽、螺栓、螺紋嵌件、螺紋修復線圈、開口銷、鍵槽、榫
頭、鉚釘，甚至是鉤子和鉤環。焊接螺柱、皮件鉚釘、索環、繫帶
孔、80/20擠壓棒材。機械接合零件使得製作初期的一切環節比較
花時間，而且需要事先預測、規畫，以確保你選用的接合件彼此適
用，也適用於接合的目標。但只要裝上去之後，機械接合零件能讓
後續的步驟變得簡單很多，不只能拆卸、重新配置，也可以更換。
辛苦是有回報的，事先所花的時間會節省後期的時間；隨著經驗累
積，你也漸漸能看出這是關乎輕重緩急的選擇。

　　盧貝松的一代傑作《第五元素》（*The Fifth Element*）一九九

---

1. 這些敘述不全然是這個行業既有的分類，比較算是我個人基於經驗和常識在工作上建立的
　 方法論。

七年上映後，我想仿製一把ZF-1的執念愈來愈強烈。ZF-1是蓋瑞·歐德曼（Gary Oldman）飾演的經典反派佐格的配槍，能發射子彈、箭矢、火焰、冰霰、火箭彈，甚至能噴出網子！——小小的蛋形槍殼，居然藏了這麼多配備。融合喜感和複雜於一體，令我像飛蛾撲火般為之著迷。我上網搜尋任何找得到的參考素材，希望仿製一把，結果在複製道具論壇（過幾年我會在上面貼出《地獄怪客》布魯教授的箱子圖面）認識另一位同樣著迷的自造者——尚恩·摩根（Shawn Morgan）。

尚恩和我合力仿製一把ZF-1，合作了好幾年。我們的目標是效法原版道具，用鋁和樹脂做出整把槍。我們首先畫了很多立體圖，盡量把對這把槍的理解整合在一起。很快就能明顯看到，至少有一百七十五個特製的獨立小組件和零件，需要水刀切割、雷射切割、灌樹脂模，或用不鏽鋼或鋁手動加工，才能做出一模一樣的完整模型。

其實，我也可以挑簡單的方法，只要把每個零件做到很像，再黏合起來就成了。但我很早以前就發現，複雜的自造模型能夠拆解開來，是最終成品的外觀和手感百分百到位的首要條件。所以我們在初始階段多花了幾個星期，兩個人針對棘手難題思考對策，同時設計並想像每個零件應該如何組裝，日後才能再拆開。

到最後，我知道的每一種接合零件幾乎都用上了。主體是用小機械螺絲組裝起來的水刀切割鋁架，因為內部包含很多組件，空間非常有限。我用灌模鑄造出蛋形外殼，附有大型螺轂，可以輕易拆開，修理內部零件。此外，還用到了鉚釘、插銷、壓力裝配件和螺紋嵌件。我嘗試使用和最後實際用在ZF-1上面的接合零件，在此無法一一詳述，但我可以告訴你，沒有任何接合處用了黏膠。

ZF-1 的鋁製骨架，專門為各式接合零件及機械性裝配方法而打造，允許我在往後多年持續改良。

　　這種建造方式並不容易。很多時候某個部件完成了，才發現內部鋁架上的水刀切割孔間距錯了，只好重做一組水刀切割鋁架。我敢說，這把槍我起碼重做了十遍，才完成令我滿意的最終版本。

　　我的ZF-1在二○一五年完工，但**並沒有**就此結束。直至今日，我仍不時會為它增加細節和功能。之所以能夠不斷改良，就是因為當初用了一整批機械接合零件，現在才能把槍完全拆開再重組回去。雖然製作過程中為求接合精準和組裝順利，各個部件重做了很多遍，但我一點也不後悔。這比全部用膠黏住好上不知多少光年。

黏膠的學問

　　雖然我偏好機械式接合，可難免有些時候只有黏膠管用，但不是隨便什麼黏膠都行，必須是**對的**黏膠。為作品選擇適合的黏膠，很重要但也很難。五金商行的黏膠陳列架，儼如材料科學和化學的聚寶盆，令人滿頭霧水：五分鐘環氧樹脂、氰基丙酸烯脂黏著劑（瞬間膠）**與**速乾劑、白膠、木工膠、萬用膠（從來**不**萬用）、紙材膠、接觸膠合劑、焊接填縫膠、矽氧樹脂（矽膠）。

　　選擇正確的黏膠，對新手創客可說是一項誘發焦慮的艱難考驗。仔細想想也真奇怪，小時候來看，黏膠既直接又神奇。威利狼把黏膠塗在地上、想捉住嗶嗶鳥——咻砰，威利狼自己一下就被黏住了！黏膠的威力就是這麼強大。在孩子眼中，黏膠是一種神祕物質，能輕而易舉把東西「接合」。很多成年人在自造時依舊抱持同樣的觀念，直到毀掉自己辛辛苦苦打造的東西且不知如何挽救的那一刻為止。

　　對我而言，黏膠這一門學問有三道基礎：一、黏膠的作用是接合物體。二、黏膠離開容器時多半是溼潤的，待晾乾後才能發揮功效。三、黏膠百百種，不是每種都相同。

　　假如要接合的是兩種材質相似的材料，你的工作很簡單。木材用木工膠，紙材用膠水或白膠等PVA膠（聚乙烯醇）。矽膠材料就用矽基的接著劑。依此類推。每一種情況下，你要找的黏膠都是乾固以後，物理性質（硬度、彈性、對溫度的反應等等）與你想接合的材料最相近或最適合者。重點全在於溫度、力學性質和使用環境。若是一般最常見的材料，市面上多半有特別調製、用於解決問題的專用黏膠。

　　想像煙囪的磚頭經過幾十年後，壽命到了極限。磚頭的生活是靜止的，不必移動，也就不需要有彈性的黏膠。磚頭承受的機械負載量很大，壓縮力很強，層層相疊又不會移動，總重量龐大，所以你會希望使用高抗壓強度的黏膠。想像你若是用矽膠來砌磚頭，一、兩排或許還撐得住，但是矽膠抗壓強度低、彎曲性高，磚牆遲早會傾斜、下垂，最後土崩瓦解。[2]

　　此外，還要考慮天氣變化。溫度改變時，材料特性也會改變：低溫會讓物體變脆、變硬，高溫則使物體柔軟、容易彎曲。溫度也會影響物體的大小：物體遇熱膨脹，多數情況下，遇冷則會收縮。熱膨脹的幅度有時超乎我們的想像。像支撐舊金山金門大橋的主纜，長度在晴朗正午比夜半時分長了將近十七呎。不同的材料，熱漲冷縮的幅度也不盡相同。

　　因此，砌磚砂漿經過特殊調製，乾固後特性和磚頭如出一轍。抗壓強度與磚頭正好相當，溫度變化下的膨脹與收縮程度也相同。

　　現在假設我們要接合兩片皮革。不同於磚頭，皮革極具彈性，而且使用環境經常包含大量的扭轉和動作，不可能把水泥砂漿用於皮革。砂漿乾固之後，名符其實地硬如石頭，當皮革四處扭動，很容易就會從接合處的砂漿脫落。幸好，世界各地的皮革工匠還有接觸膠合劑可用。接觸膠合劑是一種以橡膠和溶劑為基底的黏膠，材質特性與皮革十分相近。兩片皮革用接觸膠合劑正確黏合之後，如果用力撕扯，皮革本身會比接合處更容易撕裂。

　　選用的黏膠特性要能配合接合的材料，這聽起來理所當然，但其實很多人並不知道。所以你不覺得理所當然，也不用太難過。況

---

2. 瞧我形容成這個樣子，我現在倒想親眼直擊這個場面……

且，我還沒提到更大的問題。簡單來說，請你想像現在要處理兩種不同的材料，接合兩樣特性天差地別的東西，比如將木頭貼合玻璃，或將皮革貼合橡膠，你該用什麼黏膠？這種時候，答案就攸關經驗與實驗（往往還會伴隨幾聲咒罵）。你需要的接著劑，要能平衡兩種組件的力學作用和材料特性。

我們舉個比較難的例子：玻璃和金屬。

想像你要把一片玻璃黏到金屬上，然後擺在室外一年。這一年間，氣溫可能有二十度到四十度以上的變化。放在室外任憑風吹日曬，玻璃和金屬也會隨著氣溫變化而膨脹收縮。對材料本身和材料內部而言，這不成問題。問題是，它們**膨脹和收縮的幅度並不相同**。所以假設玻璃只膨脹一點點，但金屬膨脹很多，兩者表面就會開始互斥。遇到截然不同的材料，合適的接著劑膨縮幅度要能剛好支撐等式的兩邊，不會向其中一方妥協。

比方說，辦公大樓裝設玻璃窗的時候，營造商使用的工業接著劑絕對不會硬得像石頭，一定會保有些許彈性（乾固後的稠度有點像乾掉的口香糖），才能以相等的強度支撐兩邊。不如此不行，因為萬一黏不牢，從辦公大樓掉下一片玻璃，就是災難性的代價。汽車擋風玻璃用的也是類似的接著劑。

一般創客在自己的工作室裡工作，後果很少會這麼嚴重，但他們面對的情況也一樣。假若沒使用正確的黏膠，除了有結構崩壞之虞，原本接合的兩個零件都有可能損毀，把你送回好幾個步驟之前，你想若無其事都難。

我工作室裡的黏膠

每個人都有自己愛用的黏膠，我也不例外。多年來，我認識了許多種黏膠，也網羅了許多到我的接著劑軍火庫，我很期待與你分享。只是請務必瞭解，我對這些黏膠與其功能特性的瞭解，僅限於功能上的認識。這些知識是一名雜學工匠經由實驗得出的結論。我不是化學家或物理學家，也不是材料學家。以下我列的每一條規則肯定都有例外。可能有人會告訴你，我所舉的使用案例有更好的解決辦法。請慎重採納他們的意見，自己動手試試看。你或許會有充分的理由，不認同我喜歡的某幾種黏膠。那也很好！這恰恰能夠展現，人類為了改善世界發展出的巧手智慧，並不總是具有無窮無盡的可能性。

風乾膠（air-dry glue）：這是最大的分類，涵蓋所有一接觸空氣就會漸漸乾固、產生黏著力的黏膠。可以是水性膠，比如PVA膠（膠水、白膠、木工膠），也可以是溶劑基的黏膠，如許多「萬用」膠。

PVA膠非常好用，值得讚嘆。木工膠是少數效果不打折、表現完全合乎預期的產物，能產生牢固的黏結度，強度和彎曲性皆高。白膠和膠水一樣，用在多孔材料上效果超群——如輕量紙和瓦楞紙板。現在還有一種配方較稀的新式PVA膠（美國一個大品牌叫Mod Podge），對使用發泡材料製作物品的人是件寶貴的工具，不論製作的是道具、服裝或模型都適用。以上黏膠都是水性膠，代表不含有毒化學物質，不會薰得你滿屋子臭氣，也容易清潔。

萬用膠（all-purpose glue）：這種黏膠讓我一再失望。所謂

的「萬用黏膠」實在辜負我太多次了，這裡只值得最簡短的介紹。萬用膠有些是以塑膠溶劑為基底，如Duco Cement硝化纖維素膠泥，有些則是矽基。不論哪一種，在我看來幾乎只能權充暫時性的黏著。有些人很信賴萬用膠，但我不是。你的結論可能和我不同。

接觸膠合劑（contact cement）：我很喜歡接觸膠合劑。這種橡膠基底的黏膠也會揮發溶劑基、慢慢乾固，不過用法不同。最常見的使用方式是塗在待接合的兩個表面，讓膠劑靜置一會兒，但不能放太久，**然後再**將兩個表面黏合。接觸膠合劑也很適合用吹風機加速乾固。我在Tested.com的每日一物單元，只要做的東西需要大量黏合，我幾乎都用接觸膠合劑。

只要使用得當，這東西能行使奇蹟。它可以拿來補鞋，你就知道它的厲害了。沒錯，這個種類的黏膠能產生強韌、牢固卻有彈性的黏結。從鞋子到發泡材料，乃至於在木板上張貼海報，各種場合都適用。如果是多孔材料，我通常會在兩面各塗兩層膠合劑。正確地使用下，接觸膠合劑是最能有效黏合不同材質物品的黏膠。市面上有管裝、罐裝，甚至有噴霧罐裝，我全都用過。我最喜歡的品牌是Barge黏膠，皮革工匠普遍愛用，我也發現它的黏著力強得恰到好處。不過，在地方家庭五金行就能買到的便宜雜牌接觸膠合劑，也很少讓我失望。

熱熔膠（hot glue）：熱熔膠是熱塑性塑膠物質，意思是對冷熱的反應大，隨著溫度改變，形態變化也大。室溫下是微具彈性的棍狀塑膠棒，投入有加熱裝置的熔膠槍，就會化為蜂蜜般黏稠、熱燙的液態。冷卻後隨即凝固。

用於求快、不求精緻的作品時，熱熔膠立於不敗之地。但若希望作品長久保存，我會像看到惡煞一樣避開熱熔膠（比如，我就遇

過用熱熔膠黏合的東西才剛掛上牆，就碎散掉落）。熱熔膠對木頭和紙板等多孔材料效果最好——用在厚紙板上堪比神蹟，但用在金屬和玻璃等非多孔材料效果極差。

　　熱熔膠以透明或半透明狀態最為常見，但也買得到彩色的選擇。我曾經為了做劇場道具，用紅色熱熔膠仿造舊時代信封上的蠟封。市面上也有低溫型熱熔膠，很適合用於黏合保麗龍或珍珠板等易融化的材料。熱熔膠也可用於製作鑄件。我聽過一齣舞台劇的晚餐場景要用到雞腿，布景組就將熱熔膠擠入用真正雞腿做出的矽膠模具，做出仿真雞腿。我確定**味道**不會像雞肉，但成品外觀和雞肉非常接近。

　　雙液型環氧樹脂（epoxy 2-part glue，AB膠）：這是一種熱固性黏膠，使用兩管分開的膠液——分別是樹脂和硬化劑，混合後產生放熱反應，使混合液因化學作用而凝固。雙液型環氧樹脂一般是脆性黏膠，不過市面上也有較具彈性的配方。包裝通常是兩條軟管，附上柱塞，以經典的「五分鐘」快乾膠品名販售。不同於熱塑性黏膠，環氧樹脂這種熱固性黏膠，硬化後就永遠乾固，不再因為加熱而重新融化。

　　環氧樹脂無臭無味，很適合用在玻璃纖維上。全球各地都用玻璃纖維強化塑膠和環氧樹脂來造船。原版《星際大戰》電影中的所有船艦，泰半是用環氧樹脂黏合。環氧樹脂的最大缺點是對人體危害甚大，假如製作過程必須用到，務必戴上手套，在通風良好的區域作業。假如要用大量的環氧樹脂塗覆物品外層或貼上玻璃纖維，應戴上防毒面具。JB Weld這一牌的管裝環氧樹脂膠特別好用。坊間甚至有故事流傳（八成是杜撰），機車騎士用JB Weld牌的AB膠暫時固定機車的曲軸箱，黏性竟然足夠他撐到修車行。

環氧黏合膠泥（epoxy putty，塑鋼土）：也是熱固性接著劑，環氧黏合膠泥是一個黏膠大家族，既可以用於接合物體，本身也能用作造型材料。有些為水電工研發的版本，可以環塗於漏水的管線；另一些可用於修補漏水船隻。此外還有為金屬、木材或塑膠特別調製的不同配方，甚至有超輕量版本。因為呈黏土狀，也很適用於一次性建造。

跟AB膠一樣，環氧黏合膠泥也分為兩劑，通常呈不同顏色，黏稠程度都和黏土相當。將兩劑混合揉勻，直到形成第三種顏色、看不出各自原本的顏色後，再行施用。有些種類固化得很快，有些比較慢。我用塑鋼土做過娃娃屋的浴缸、幻想武器的槍柄，甚至檔案箱的提把。膠泥固化之後，可以用一般木工工具拋光、切割，甚至用螺絲鎖在一起。

氰基丙酸烯脂黏著劑（cyanoacrylate，瞬間膠）：在美國常以品牌名Krazy Glue稱之，瞬間膠是特效產業的靈魂。原本在越戰期間用於戰地緊急縫合傷口，我知道有模型師相信能用瞬間膠黏合必須縫針的割傷（我自己從沒試過）。我的老朋友、《星際大戰》原型道具師羅恩・彼得森（Lorne Peterson），是把柯達公司的瞬間膠引進光影魔幻模型工作室的功臣。瞬間膠的引進，對特效產業的發展居功厥偉，不可言喻。

瞬間膠用途很廣，一般呈液態，但有多種不同的黏度，從超稀型（很難用得恰到好處）到能填縫的超濃型都有。最新型的產品是可彎曲的瞬間膠，我才剛開始使用就相當喜歡。所有類型都是接觸空氣後就慢慢固化，或是添加「促進劑」加速固化。固化之後，瞬間膠會硬得像壓克力一樣容易脆裂，所以務必小心。

超稀型瞬間膠在此值得些許額外的關注，因為它質地很稀（像

伏特加），所以乾得很快，幾乎一接觸空氣就固化了，比其他配方的瞬間膠都快。用在陶瓷一類的材質，效果優越，因為膠液能滲入陶瓷的多孔表面，幾乎不留痕跡。但是萬一皮膚太靠近接縫，膠液也會滲入手指，把你和想修理的東西黏在一起。事實上，超稀型瞬間膠惹來麻煩的速度和頻率，少有其他黏膠能比得上。我用超稀型瞬間膠把道具成品黏在手上的次數，多到我都懶得承認了。

要擔心的還不只是皮膚。塗了瞬間膠的整個物體表面，必須片刻不離地盯牢。九〇年代中期，我還在傑米手下製作廣告時，曾花了一個星期幫大學同學蘿倫做的漆盒加裝黃銅飾角和金線掐絲，她用硬木做出這個無比光滑的漆盒。廣告拍攝當天，有一個黃銅飾角不肯乖乖就範，我便用超稀型瞬間膠想把它固定住，結果膠液滲入接縫，從道具正面往下流，好巧不巧就在攝影機拍攝的那一側。我還記得當時胃痛的感覺。傑米氣炸了。傑米生氣的時候，從聲音或行為看不太出來，但他整顆頭會氣到發紅。他就像一根人體溫度計，有一顆心情測量頭。他後來必須另外調製和漆盒顏色相同的蠟筆，塗掉我造成的膠痕，在鏡頭下才看不出來，而且每拍一個鏡頭都必須重塗一次。那一整天，他的頭都紅到發亮。

總而言之，遇到超稀型瞬間膠，罩子請放亮一點。

瞬間膠加速劑就是俗稱的「促進劑」，是可以加入一般瞬間膠當中的溶液，把固化時間從幾分鐘縮短至幾秒。市面上以噴瓶和噴霧罐裝居多，也可以用針頭瓶施作。用在臨時求快的模型上，效果卓越，很適合用在電影和廣告；唯獨要記得，溶液基底的瞬間膠促進劑往往會侵蝕油漆表面和透明塑膠（當心促進劑遇到聚碳酸酯！），所以碰到不熟悉的工法都一樣，先在少許材料上試驗看看，瞭解瞬間膠加速劑對你的作品有何作用。你可不希望造成不可

彌補的後果。

　　少有人知道的是，小蘇打粉也是很好的瞬間膠加速劑，幾乎立刻就能促進瞬間膠固化，而且一點異味也沒有。替你塗的瞬間膠灑上一小撮小蘇打粉，也能大幅強固膠體。我曾用小蘇打粉和瞬間膠在保麗龍盒內做出如同角板的熔接，讓保麗龍盒變得無比堅固。多年來，我也聽過不少模型師受不了溶基促進劑的氣味，只會使用小蘇打粉。

　　焊接填縫膠（weld-bond glue）：這是一種獨特的接著劑。焊接填縫膠在接合的材料兩側都會融化，然後有效乾固，構成一個整體，所以被稱為「焊接膠」。焊接膠用來黏合壓克力和其他塑膠的效果絕佳。模型飛機膠就是濃稠型的塑膠焊接膠。但焊接膠也有比較溼潤的形態，用於黏合壓克力盒一類的物品。水電工用來接合聚氯乙烯（PVC）水管的也是焊接膠。我很喜歡焊接膠，能創造強韌的黏結，而且作用速度快。

　　不同種類的塑膠適用不同配方的焊接膠。ABS塑料、聚碳酸酯和聚氯乙烯各有專用的焊接膠。我在工作室最常用到保麗龍和壓克力材料，所以我選用Weld-on 3號焊接膠。用保麗龍從頭開始建造，或把小塑膠片接合起來的時候，沒有比些許Weld-on 3號焊接膠和一把刷子更管用了。

　　就這些了。以上就是我工作上九成五會使用的黏膠。我說過，每條規則都有例外，市面上也有一些古怪而奇特的產品，值得調查看看，就看你想做的是什麼。但認識這些黏膠及其功用只是方程式的一部分。

表面處理擺第一

　　當你選好黏膠，要黏合的材料也準備好了，事情從來不只是塗上黏膠把組件貼在一起就完事了──差得可遠了。要黏合的表面如果不乾淨，十之八九都黏不住。表面抓力不足，也可能滑動或剝落。為了確保材料之間形成牢靠的黏結，你必須對每個待黏接的表面做好前置處理。

　　這個步驟與選擇黏膠或材料一樣的重要，甚至更為重要。每一次，你都必須把待黏接表面上的灰塵、油脂和水分清潔乾淨。如果表面有上漆，你可能需要將黏貼位置的漆料刮掉一些（尤其是使用焊接膠時）。有時候，甚至還得刻意擦損表面，以增加接著力，像光滑的鏡面材質往往就必須這麼做。

　　試試看。把兩個光滑鏡面黏在一起，等黏膠固化後，你八成還是能把兩片材料剝開。為什麼？因為光滑表面的表面積最小，所以很光滑。放到顯微鏡底下查看，你會看到它一樣是平順光滑的表面。但如果同一塊鏡面用砂紙擦損後再看，你會看到微小的山丘和谷地。這些山谷使表面積擴大，讓黏膠能滲入隙縫，給予材料較大的表面抓力。又叫給黏膠創造一點「齒面」。沒有那些山谷，沒有齒面的話，黏膠可能就從表面滑開了。所以用砂紙研磨光滑無孔的表面，對創造強力的黏結非常重要。[3]我甚至曾用刀尖刻刮兩個待黏接的表面，為黏膠製造真正夠深的齒面。

---

3. 用於表面處理時，可以用較粗的砂紙，例如顆粒直徑一百微米或甚至更粗糙的都行。

給我選擇，其餘免談

追根究柢，黏膠更多時候只是暫時的方法，是權宜之計或妥協方案。黏膠本身效能如此，用老掉牙的成語「左支右絀」來形容也不為過。問題是，遇到任何材料需要接合時，其實都沒有完美的解決之道，只有妥協方案。這不是說，黏膠在適當使用下效果不好，其實效果的確驚人。只是我不喜歡黏膠接合之後，大多很難反轉重來，甚至是不可逆的。我討厭這種單向限定的操作，老實說，在生活中所有場域都是。

我住在舊金山，這座城市又以交通混亂聞名。但我很喜歡這座城市的一點是，不論你身在何處，也不論交通多壅塞，多數時候你都有選擇。能保有選擇彈性，就是為什麼我在交通尖峰時段偏好避開快速道路。快速道路會限制我的選擇。市區平面道路通常車程較久，但在每個路口都保有選擇機會。黏膠並不附帶選擇的機會。東西一旦黏下去、膠體固化後，就不太可能再乾淨無痕地重新撕開。勉強當作選項，往往會釀成慘案。

所以我偏好機械式接合，因為能拆開重來。我接合的所有東西，都能重新拆解而不傷害結構。就像逡巡在舊金山錯綜起伏的市街之間，引擎要耗費較多燃料，手要多打好幾次方向盤，而且肯定比較花時間。但是能換來較多的選擇，而我想要選擇。身為創客，我希望生活在這樣的空間。

9

—

分享

經驗告訴所有創客，每個人的成就都是集體共有的成就；
而每項共有的成就，都是在投資促成這項成就的文化。

　　分享知識是我個人的一項使命，也是我報答長久以來獲贈無數
珍貴禮物的重要一環。不論我在人生中享過什麼樣的成就，向來與
支持我的人直接相關，另外也要歸功於我有幸相遇、認識、合作並
向其學習的優秀之人。身為創客和說故事的人，我把自己看作連續
體中的一個小環節，上可追溯到人類使用工具及說故事的開端，下
則往無限可能的未來不斷開展。分享資訊是發展進步的引擎燃料。

　　但是我也遇過許多人，他們不認為有必要分享自己的工作；更
具體來說，他們覺得分享工作成果、工作方法、習慣步驟，甚或興
趣嗜好，只會直接造成他們的**損失**。我的職業生涯有很長一段時間
一直在與這種憤世嫉俗、眼光狹隘、貪多怕少的心態激辯。理智上
我能理解，但情感上我從來無法認同。你怎麼會不想與人分享你喜
歡的東西呢？你怎麼會不想與人分享你做的酷炫玩意？或與朋友分
享克服艱難企劃後的勝利喜悅？為什麼你會想把多年累積的知識藏
起來，假裝你的希望和夢想不值得站在屋頂大聲高呼？

依我的經驗，你給予的愈多，反而愈富有（借改保羅‧麥卡尼的歌詞）。[1]

從我有記憶以來，就是這麼覺得。我的私心始終偏向開放——開放原始碼、免費增值定價模式、開放門戶政策，諸如此類。只要是獲得更多的創意知識、將更多工具送至更多人手中，我絕對舉雙手贊成。而這個想法，與我人生中大多數美好的事物一樣，也始於《星際大戰》。

分享你感興趣的事

《星際大戰》上映那一年，我十歲。電影中創造的世界正中紅心，對我產生難以磨滅的影響。日後我會看過一遍又一遍，但我第一次看是在鱈魚角的露天汽車電影院，坐在我父母的豐田Corolla汽車後座。那遠遠稱不上理想的觀影環境——黑武士和歐比王決鬥時，我只看得到光劍飛舞，因為決鬥雙方的身體都被前座的頭枕擋住了。不過我對當晚的記憶依然清晰。我記得我爸不喜歡。我們開出車道準備回家時，他說：「看完啦，真是一部**爛片**。」他覺得劇情太簡單，隨便也猜得到，看了很無聊。我當下很震驚，我們對剛才看完的電影居然意見不同。但是大約過了六千萬億分之一秒，我就下結論，這次顯然是我爸錯了，在我短短的人生中，還是頭一次覺得爸爸錯了。我深深記得電影開場那個鏡頭，閃亮的金色C-3PO站在閃亮的銀色C-3PO旁邊。我心想，有一個閃亮機器人就很厲害

---

1. 譯註：披頭四樂團有一首保羅‧麥卡尼作詞的歌曲〈The End〉，最後一句歌詞唱道：「你付出多少愛，將同於你獲得的愛。」（The love you take is equal to the love you make.）麥卡尼日後受訪時表示，這句歌詞旨在表達「付出愈多，得到愈多」。

了，現在竟然有兩個！？我也記得當時有窺見冰山一角的感覺——在這卷五千呎長的賽璐珞膠捲盡頭更深、更遠之處，有一個我看不見、更大的宇宙。但我隨即暗自許諾，不論它開展到哪裡，我都要跟上去。

隔年夏天，我十一歲生日，《星際大戰》的玩具已蔚為風潮。人物公仔、雷射槍，當然也少不了光劍。我還記得我太急於拆開收到的公仔，一不小心把莉亞公主的雷射槍弄壞了，到現在都還有點難過。不久之後，我又在我的《星際大戰》收藏加入另一項（除了厚紙板之外）令我初嘗自造滋味的入門毒藥——樂高積木。紙巾軸也參了一腳（當然是拿來做電梯井）。我甚至用樂高做出自己的死星，輔以眾多暗門、正派與反派機器人，以及一顆供死星摧毀用的小行星。

隨著《星際大戰》狂熱持續升溫，這個日後的娛樂界巨擘慢慢長出了雛形，電影的幕後故事也找到途徑，流入少數我真心喜歡的雜誌之中：《銀幕狂想》（Cinefantastique）、《影壇名獸》（Famous Monsters of Filmland）和《瘋哥利亞》（Fangoria）。我狼吞虎嚥讀遍每一篇關於《星際大戰》宇宙的文章，幸好相關文章很多。我仔細端詳每一張舞技族（Wookiees）和爪哇族（Jawas）的全彩特寫跨頁照。最令我眼界大開的是，我發現**有些人**的工作是建造那些船艦和道具，讓這部美妙的電影更加引人入勝。就算沒看雜誌，我相信我自己也終究會發覺這件事。但那個時候我只是不敢相信，我從五歲起就在舅舅的木工坊、爸爸的書房和我房間裡做的事，竟然也可以是正當的工作，可以賺錢謀生。

小時候獲知這種資訊，有如天上照下一道光，能令你的觀念驟變，典範轉移。在外頭的世界、電視上或大銀幕看見的人事物，多

數時候你只會覺得他們……本來就在**那裡**。而且你會假設他們向來**都在**，不會有所懷疑。機器人就是機器人。舞技族就是舞技族。這是純真童言才會自然說出的同義反覆語句。但是得知機器人內部或長毛裝底下其實藏了人，這些人在演戲，努力賺取工資，每天下班後還是會回到沒有長毛的人類家庭裡，簡直打破童年的第四面牆，在你的世界觀正中央掀起地震，引發海嘯般紛至沓來的領悟。至少對我來說，首當其衝的領悟是：**見鬼了，那不正是我想做的事嗎！**我未來想從事的職業，就在那個當下從樂高設計師變成「替《星際大戰》做東西的人」——後來真能實現這個目標，我至今都覺得不可思議。

　　像《瘋哥利亞》和《銀幕狂想》這些雜誌，真正最好的功能是提供作者和讀者一個平台，學習並分享自身的興趣。我小時候是個不容易交到朋友的小鬼頭，大多數時間都待在房間裡自己玩。知道做道具這件事可以變成工作，不僅令我驚訝、興奮，想到外面實際上還有很多人也對我喜歡的東西感興趣，更讓我備感安慰。即使他們都不在我的班上，甚至不在我的學校，但他們就在外面某個地方，彷彿化作燈塔的光束，讓我可以朝著光前進。不論他們身在何處，那裡就是我想去的地方。

　　結果，我從一開始就不必跑那麼遠，因為他們很多人就在曼哈頓，沿著鋸木廠河公園大道（Saw Mill River Parkway）往下走就是了。在帝勢藝術學院和電影學院，太空和科幻小說、電影和模型製作、木工和解決複雜難題是大家共同的興趣；公開分享這些興趣的能力，是建構大型創意社群的基礎，友誼就在這上面建立起來，機會也能在這上面找到。比方說，我能拿到第一塊敲門磚，參與大衛·波拉的畢業專題，製作電影場景和道具，正是因為我們花了那

麼多時間泡電影院，或在他家客廳喝咖啡、抽菸，一邊欲罷不能地大聊我們對電影、科幻和奇幻的共同喜愛。

　　像這樣敞開自己，分享彼此在乎的文化共性，也可以是一條學習管道，讓你學到比想像中更多的事物。但無可否認，這麼做也可能讓你受傷，因為你傾訴的對象有可能取笑你，我小時候就遇過；或者更慘，他們可能知道你的興趣，但是毫不在乎，就像我二十出頭那幾年在特效產業找工作時，多次遇上背後捅刀的事件。

　　我在紐約市受雇的幾家特效工作室，算不上很好的工作環境。我發現它們往往是剝削員工、酸腐刻薄、黨同伐異的地方。他們希望助理每天工作十四個小時（或更長！），但日薪五十美元沒得商量。即使在一九八六年，這種薪水也十分低。我心中明白，忍耐低薪，克盡職責，是為了交換學習新事物的機會。然而，我換來的卻是一堂用盡方法要你乖乖安分守己、別多管閒事的速成班。在那幾間工作室，沒人看起來有**半點**興趣分享自己正在做或未來有一天想做的事，也許他們原有的理想已經被前一輩的人給打垮了，那些人之前想必就和現在的他們一樣。這頗令人氣餒，但我仍堅持開放的觀念，因為我堅信遲早會有所回報。也有可能我就是個白目小鬼，不爽主管汲汲營營，顧左右而言他（很合理）。結果就是，我早年初闖特效界的經驗，感覺並不是那麼特別。

　　幾年後在舊金山遇見傑米，我總算挖到寶了。他在很多方面都是非常好的老闆，他給薪大方，也會合理加薪，不吝給予好的建議。最重要的是，他認可我的好奇心，允許我善用他的工作室，學習幾乎所有我感興趣的事。在一間標準特效工作室裡，能接觸到一連串令人目不暇給的工法，這些工法必須像瑞士刀一樣萬能，包括車床加工、銑床、鑄模、金屬成型、陶塑和鑄造補給材料及工具、

保麗龍雕刻、機械偶、真空成型、氣動裝置、彩繪上色。這些還只是其中幾項，我看到工作室還有更多常用的技術。我把我的目標和興趣告訴傑米，問他我能不能利用空閒時間待在工作室做實驗。每當我黔驢技窮的時候，也會向他和他的合夥人米奇‧羅曼諾斯基求助。他們屢屢應我所求，我現在創意軍火庫擁有滿滿的各式武器，大都要拜他們所賜。

　　不論你是否身在創意產業，如果你正苦無對策，不知如何在工作上或所處的環境中求進步，我的最佳建議是弄清楚你感興趣的任一個（或多個）領域，然後與同事和上司分享，以求學到更多的相關知識。我有個工作室助理叫梅爾，只在夏天替我工作。有一次梅爾跟我說，他想多學一些上色和風化的技巧。正巧我剛在手工藝品網站Etsy上買了一組帝國風暴兵步槍的3D列印材料包，我便請梅爾組裝起來並塗裝成黑色。接下來，我花了一個多小時，一步步向梅爾說明，將塑膠塗裝成逼真金屬色澤的三種不同技術，以及如何想像一把槍被歲月風霜洗禮後的樣子——邊緣會如何磨損、如何看出風化效果在上色不勻時更加逼真（這點特別難學，因為物品風化褪色不會是均勻的）。梅爾一頭栽入，而且做得很好，不只聽取我的指導，也懂得結合自己原本的技術基礎。結果證明梅爾很有天分。我可以交給梅爾處理的作品瞬間又增加了。我花費的教學時間，讓我們兩人都直接受惠。很早以前，我就從傑米身上學到這件事，好的上司會鼓勵下屬不恥下問，同時倡行這種公司文化。這是正向的商業思維。我現在自己身為雇主，很欣賞手下的人有心學習更多，而且表現出向學之心。我很樂於提供空間，提升他們的總體技能。工作室是創造可能性的引擎。裡面的人擁有的技術愈多，不僅增進個人的工作成效，也能促進引擎整體的效能。人人都受益。

分享你的成果

我的多數成就，來自我有能力在有限時間內做出夠水準的作品。但是有機會接下工作，則有賴於別人先聽過我的作品。我經常受惠於口耳相傳。在創客界，口耳相傳就是一切，比什麼都更有效。而且起點就是你自己，具體來說，便是談論自己真正擅長的事並分享實證。

在舊金山劇場界虛心受教，累積了幾年技術，我自然而然走向一項特長，就是道具。我漸漸有了擅長設計及建造道具、解決複雜機械道具和場景問題的名氣。乃至後來，柏克萊劇院（Berkeley Repertory Theatre）的道具組雇用我參與舞台劇《女戰士》（*The Woman Warrior*）的製作；這是華裔女作家湯婷婷（Maxine Hone Kingston）的出色著作首次改編成舞台劇。劇情中有鬼魂作祟，讓椅子和盆栽無故移動。柏克萊劇院場地不算大，最多容納四百位觀眾，而且舞台伸入觀眾席，沒有能遮蔽視線的地方。不論表演、服裝、化妝、場景布置、道具，全部一覽無遺地暴露在觀眾眼前，不容造假。

我的首要任務，是要做出能瞞過所有人的機械扶手椅和機械盆栽，從中央最前排到座席區最後方都不能看出破綻。經歷數十小時的構思、繪圖，卡關又重啟，我最後做出一對結實堅固、高扭矩的可遙控機械底座，運作起來有如魔法，是我在劇場界的日子最自豪的成果。

就在柏克萊劇院的案子結束後不久，我接到傑米工作室邀約面試的電話。在我們這種創意產業，標準面試流程通常是帶著作品集前往面試，裡面塞滿作品的高解析全彩照片。面試者會花幾分鐘翻

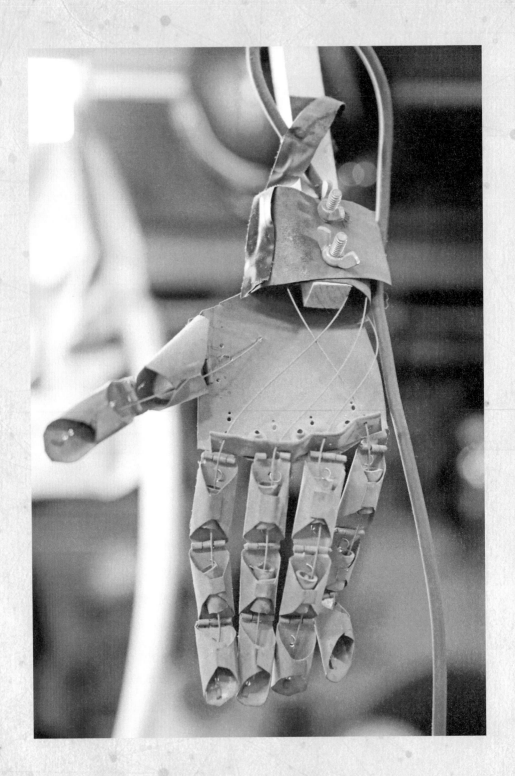

閱，儘管只是短短幾分鐘，在你心中會放大成如坐針氈的好幾小時。直到面試者終於闔上作品集，問你幾個問題，你也聽不出對方到底喜不喜歡你的作品。這是不盡理想的制度。因此我暗自決定，我要改提一口皮箱去面試，裝滿我的實體作品。分享作品光滑閃亮的平面照片是一回事，但我認為，把作品實際放在即將決定要不要給你工作的對方手裡，完全是另一回事。現在我自己當了上司，我更明白即使是單獨一件作品，實際親眼看到，也能讓你得知非常多關於這個人的有用資訊。

完成一件作品的技術熟不熟練，很少能從照片看出端倪。實際在手中感受那件作品，從上下左右各個角度查看它，更能讓雇主看見最完整的全貌。而且至少對我來說，作品擺在眼前，反而能激發我自己的熱忱。若加上發揮口才，敘述作品各方面的物理特性和當初催生作品的靈感，比雇主光憑相簿得到的直覺印象，我能為自己和作品講一個更好的故事。

與傑米面談那天，我替《女戰士》做的機械裝置只能帶照片過去，因為那兩個機械底盤體積太大又太重了，我提不動。但我另外

左圖：用紙、釣魚線和金屬連桿裝置做成的這隻機械手臂，在與傑米面試時，助了我一臂之力。
上圖：舞台劇《女戰士》中操控扶手椅和盆栽的機械馬達，外觀看不出來，但其實重得不得了。

帶了一口皮箱，裝滿我的作品，有機械手臂、工程連動裝置、彩繪模型。我們花了近一個小時一件一件討論，我告訴他作品誕生的緣由，他則從中瞭解我是怎樣的創客。至於剩下的呢，就像俗話說的，都是歷史了。

　　其實工作面試時，你很少有機會展現所有的能力。不論什麼工作，也不管哪個領域都是如此。分享你的成果，換句話說，**秀出你的作品**，已經是你能盡全力做到的。因為這些作品，每一件都是你歷來累積的能力和學到的教訓的具體化身。可能是一個手機應用程式、一篇討論全食超市的顧客為何老是怒氣騰騰的五千字長文，或是一棵機器樹的機械零組件。是什麼都無妨。

　　「你終究會用上所有學過的東西。」曾經有人在史提夫‧馬汀（Steve Martin）的喜劇事業剛起步時這樣對他說。[2]確實，我做過的每一份工作，從替公共有線電視無償寫程式，到圖書館管理員、餐廳雜役，再到平面設計師、演員、場景繪師、玩具設計師，都在我現今的專業工作發揮了一點作用。

　　當然了，與人分享努力成果的本能並不限於找工作，也能用於自行創業、尋找合作夥伴，或單純打響你的創客名號。分享工作成果，形同宣告你的存在。昭告你的成就是你對自己的投資。不見得要大肆吹播，也毋須臭屁吹牛（我這句話也是在提醒自己）。不必做到十全十美。可以只開個部落格或Instagram帳號。參加主題大會、見面座談、展覽活動。給自己一個稱號。接受各式頭銜（創客、繪師、作者、設計師），用實際成果向世界證明你確實活出了頭銜的內容（自造、繪畫、寫作、設計）。

---

2. 出自馬汀精彩的回憶錄《生來一張嘴》（*Born Standing Up*），敘述他從事單口喜劇演員的那段人生。

只是別當個討厭鬼，也絕對不要自己吹牛還自己信了。相信我，大家都看得出誰光說不練，誰是真的言行一致。在我將滿三十歲、脾氣沉穩下來之前，我與人交談常會獨占大部分的說話時間。我習慣向聽眾投射我的熱情。換言之，我自以為他們對我的作品會跟我一樣興奮期待，結果好幾次引起令人尷尬的沉默。對於那段年少天真、自我中心的時光，我並不覺得驕傲。好好聽人說話，而不只是「等人家講完才好插話」，是我**依舊**在努力練習的事。但這不改一個事實，那就是聽人分享真心熱中的事物，既令人同感興奮，也能喚起靈感。你永遠不曉得，看你展示第一雙自製手套的那個人，會不會有一天忽然想起你會做手套，未來決定找你做更多的手套。這些年來，我接到的很多案子都是出於類似的機緣。所以別客氣，大方分享你的成果吧。

分享功勞

多年前，走進工作室接受傑米面試時，我並不知道我的名號早就先一步傳入他耳中。劇場界已經有我效力和共事過的人，向傑米聊到我和我的作品。他們聊到自己受到好評的作品和自豪的成就時，沒有獨攬榮耀，反而把功勞歸於他們認為應得的人，而我就是這份無私之心的受惠者。

我習慣用這個角度看待我的好運。在電視圈待了將近二十年，我能向你保證，攬功勞這種事，好萊塢很多人搶著做，在演藝界絲毫不罕見。像全球著名社群網站之一Reddit，有很多張貼原創內容的人，但轉貼內容佯裝成自己原創的人，也很快就蜂擁而至。你永遠不確定自己的勞苦功高會不會得到應有的認可，想來實在令人心

煩。但這不代表你應該漠視別人掙來的功勞。事實不會因此改變，想做出特別的東西，想創造任何好的事物，確實需要結合眾人之力。沒人能單靠自己，就做出創新之事。作為社會動物，我們交流互動。作為探索者，我們敦促自己也激勵彼此。作為問題解決者，我們向周圍的人學到的經驗，絲毫不少於從自身成敗學到的教訓。再多人獨攬功勞，也不會改變這些事實。把成就完全歸於自己，等於是忽略、進而貶低所有幫助過你的人，是他們的貢獻讓你走到今天這一步。

我以自己的作品為傲。要我大聲宣稱**那是我做的**，我絕不會猶豫。但我也堅信應該公開地和所有參與的人分享榮耀。這有助於向天下昭告我們共同的成就、我的合作夥伴以個人創客身分做了哪些貢獻，以及當你願意擱下個人自尊、齊心為共同的創意目標努力時，能實現什麼事。我有些作品能夠完成也是如此，比如我的太空裝、美國太空總署高級機組人員的逃生裝，或《二〇〇一太空漫遊》那兩套克拉維斯基地裝，真的動用了眾人之力。

這也是理查・泰勒（Richard Taylor）、彼得・傑克森（Peter Jackson）和傑米・塞爾柯克（Jamie Selkirk）三人將創立於紐西蘭的特效公司命名為「威塔工作室」（Weta Workshop）希望養成的風氣。理查的第一家特效工作室名為「RT特效」（以他的姓名縮寫為名）；彼得・傑克森是名揚全球的導演，傑米則是奧斯卡金獎剪輯師。他們大可用自己的名字替公司命名，溝通好誰的姓名或首字母縮寫在先即可，就像法律事務所、建築事務所和其他合資事業常見的那樣。但威塔的主角不是他們，甚至不是紐西蘭史前原生的一種貌似蟋蟀而公司借之命名的昆蟲。「我們都稱自己是威塔人。久而久之，大家會覺得自己在所有人共有卻又獨特的招牌下工

作。」二〇一八年初，我前往紐西蘭威靈頓拜訪他們的工作室時，理查告訴我。

威塔有十一個不同的部門。和美國多數工作室不同，威塔的匠師會定期調換部門。「這是一個合作社，聚在這裡一起工作的都是喜歡去除專業分工、完全通力合作的人。」理查說：「甚至製作雕像時，也會經過多名美術師之手，隨著時間累積，比起單獨一人製作，多人參與會為作品注入更豐富的細節。」

這個概念很美，我很喜歡，尤其是用很健康的方式照顧到人的自尊心。「我們仍希望我們的人以自我為本位，希望大家為自己的創作驕傲。」理查解釋：「但不能上綱到排斥與別人合作。」若要說能從合製雕像看出什麼含義的話，那就是在威塔，整體永遠大於個體之和。創作功勞不只歸於公司創辦人，也同樣歸於公司內部的匠師。我認為確實理當如此。

在我位於舊金山教會區的小工作室，我們製作很多東西，也常與世界各地的許多創客合作，互相委託製造，交換技巧、才能和技術。佛家有項教誨，屬於佛祖的五念之一，經一行禪師用現代英語譯述，道出了合作行為最鼓舞我的核心真諦：「真正歸我所有的，僅有我的行為：我無法逃避行為所生之果。我的行為就是我立足的基礎。」從我在劇場界的時間，到光影魔幻工業和巨像影業，再到《流言終結者》和我自己的工作室，一路以來，我立足於無數傑出藝術家、優秀自造者及天資聰穎的創客肩膀上。假如不承認他們對我的成功有何貢獻，不賦予他們應有的表彰，不只怠忽操守，更是不公不義。這種忘恩行為確實會帶來逃避不了的因果報應。

分享知識

　　九○年代，我剛進入傑米的工作室，有時候要做一些機器加工。我與一位天賦異稟的機械師兼工程師並肩工作。他叫克里斯·蘭德（Chris Rand），話不多，但工作表現超群。剛認識克里斯時，我還很菜，他顯然不認為我是夠格的機械師，當然也沒必要看得起我，但他仍用他的方式幫了大忙。

　　任何時候，我在工作室的Bridgeport牌老銑削機上架好裝置，覺得所有零件都固定鉗緊了，為求保險起見，我還是會回頭偷瞄一眼克里斯。我知道他對我的設置一句話也不會**說**，但也知道他其實很仔細在觀察我，他的意見會從臉上表情或細微的肢體動作顯露出來。假如他不喜歡我的設置，會微乎其微地搖搖頭，那就是克里斯表達的「我看你擺明要搞破壞了」。我見狀就會把裝置拆下來重新設置。一遍又一遍，只要看到他搖頭都再來一遍。終於，嘗試三、四次以後，我才會得到期待已久的嘉許——他微微的一個聳肩。那是克里斯對人的真心讚賞，代表我這次的設置不算太差，也相當於：「好吧，至少你還不是個徹底的白痴。」

　　我們之間為工作流程交談過的字句，可能十根手指就數得出來。但透過他的聳肩和搖頭，克里斯和我分享了多如牛毛的機械加工知識。牛頓曾說：「我能看得更遠，是因為站上了巨人的肩膀。」這句話形容的正是人類各方面進步的基礎——知識的分享。多年來我遇過多位啟蒙恩師，克里斯也算在內。我從他們每個人身上學到數不盡的知識。他們有一個共同點，他們都明白，慷慨分享知識對人類物種的延續至關重要。因為知識就是力量，而知識能做到最強大的事，就是將它分享出去。不像曼哈頓特效工作室的那些

人，我的多位啟蒙恩師不會見不得新人成長，也不會抱持貪多怕少的心態，那種稀缺心態終將使一個人的世界縮減成空。我的啟蒙恩師心胸開放，自己也受惠匪淺。事實上，他們很多人今天仍在全球知名的電影及電視公司效力。

但我也遇過多得出乎我意料的人，對分享知識就是不感興趣，也沒有興趣在業界求進步。二〇〇〇年代初，我與一位優秀模型師共事，他耗時幾星期用一種特殊方法上石膏，成效極佳。我問他能不能拍幾張照，記錄他達成眼前效果的多個步驟（我特意模糊細節以保護他的隱私），他說：「好哇！但我可不會向你透露任何祕訣⋯⋯」他覺得這項專門技術是他長保工作的關鍵，要是被我知道了，我會變成他的競爭對手。他承認他的保留態度「很怪」，但這就是他的想法，所以對於重要細節，他會守口如瓶。有這種恐懼的絕對不只是他，但我們只得同意彼此的看法不同。

我的機甲手套完工後，我在二〇一四年動漫展把屬於吉勒摩・戴托羅的那一副拿給他，但我腦中始終有個聲音說，我還有事情尚未做完。我覺得我有必要幫助其他人獲得跟我一樣的成果樂趣，於是我把製作機甲手套的流程做成一張說明圖。

那段時間，我和傑米常要飛往全美各地大專院校出席講座。在那二十幾趟長程飛行途中，借助Photoshop製圖軟體，以及我那依然充滿幾千個作品細節的頭腦，我把製作機甲手套的所有清單和草圖，化成一件具體可用的藝術作品。成品是一張海報，畫出構成這件美麗道具的每個小零件、小單位和小裝飾。

我做這件事是因為，我喜歡我的清單和解析圖在我使用過後，生命還能延續下去。也因為我喜歡分享。想到某人能運用這些資訊，滿足自己也想獲得這件物品的渴望，我就開心得無以復加。

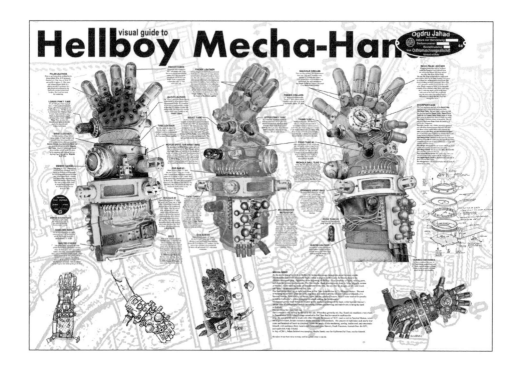

　　有人對我說過，我對機甲手套這類作品的看法，跟一般人很不一樣。但我一直以來都是這樣。從我初次把喬治·卡林說不能在電視上說的髒話收集齊全，我就有一種感覺，我做這件事不只是為了滿足自己的好奇心。我彙整了一份重要文件，準備讓它比HBO特輯節目更容易取得。於是我把髒話仔細寫在索引卡上，有些加上註釋，也補充幾句我知道的髒話。一九八三年，卡林在卡內基廳舉辦倒數專場。其中一場演出，他在表演尾聲播放工作人員名單時，掏出了筆記簿，一頁一頁念出所有他聽過或想到的髒話。我沒記錯的話，他講了起碼上百句。我把那些也加入收藏，按字母順序排列，收在一個小金屬檔案匣裡。為什麼？我很想解釋是為了妥善保管，但那不是十二歲的我所想的事。那是我第一套完整收集的「收藏

品」，我希望保存在一個別人也易於取用的狀態。用來做什麼？我不知道。但我不在乎。這是天才的智慧，必須與人分享。這個觀點帶領我走了四十年。

我後來發現，我處置那些髒話的方式，與庫柏力克巡迴展中的一件展品有異曲同工之妙。你若是庫柏力克狂粉，想必知道他一度想拍、但終未完成的著名遺作，是一部以拿破崙為主角的史詩電影。庫柏力克為了拍攝這部電影下了極大工夫，除了已經寫出完整的劇本，也做了龐大的服裝研究和場景探勘。但他的研究有一部分我之前並不曉得。

展覽中有一個不起眼的卡片目錄櫃，是由英格蘭一所地方大學的歷史系彙整出來，那正是他當初計畫拍攝拿破崙電影的地點。這個卡片目錄櫃有完整的索引對照表，抽屜內收集了拿破崙生平曾被人記錄身處某地的時刻——他見過的每個人、去過的每個地方、做過的每件事。竟然有人敢想像製作這樣一個資料庫，更不用說實際做到，真是令我佩服得五體投地。尤其庫柏力克家族還願意與世人分享，我每每想到都激動不已。[3]

分享願景

如果你曾經想過要創造一件偉大作品，不和其他創客合作是不可能的。而且單是善於分享構想還不夠，還要懂得分享你對這些構想的願景。它們外觀該是什麼樣子、使用方法為何、為什麼需要做出來。簡單來說，你希望合作夥伴協助你建造的這樣東西，理想的

---

3. 譯按：庫柏力克特展參考網頁：https://www.cam.org.tw/notice20190624/。

使用情境是什麼？你要有能力和合作夥伴分享腦中的畫面，也要能接收他們聽完之後的想法。

製作《二〇〇一太空漫遊》佛洛伊德博士的午餐盒時，我和湯姆‧薩克斯分享了對這件作品的願景。他和我一樣熱愛庫柏力克的電影成痴，我們都同意一起製作午餐盒，一定會很好玩。所以在我從零開始製作我的版本之際，湯姆也著手製作他的版本。只是不像我追求的是完美還原的電影道具，湯姆用膠合板配上五金行零件，希望用自己無可仿效的風格仿製這件道具。我們有相同的構想和共同的願景，只有小環節不一樣，但這些小環節界定了我們身為創客的個人審美標準。最後的結果令人叫絕。

我和湯姆跳入太空漫遊兔子洞的兩年前，我到電影《環太平洋》劇組探望吉勒摩‧戴托羅。他扛起的這件企劃，單單規模就看得我目瞪口呆。他要領導數百人，讓所有人齊力合作衝向一個巨大

左邊是湯姆的午餐盒和保溫瓶，我的午餐盒在右邊。我們各自做了兩組，把其中一組寄給對方，這樣我們都有完整的一套──共同的願景，截然不同的成果。歡迎見證創意。

的共同願景，那裡有巨型機器人對抗龐然怪物——這個世界建構的規模幾乎無法想像。這麼龐大的一艘船，一個人到底是怎麼開始掌舵的？他怎麼有辦法管理數十名匠師，讓大家持續為同一個願景凝聚在一起？那天晚餐，我問吉勒摩他是怎麼辦到的。

「你必須在狹窄的限度內，給每個人充分的自主權。」他回答。他的意思是，在你說服大家為大方向努力後，你必須嚴格界定他們在實現願景的過程中擔任的角色，然後放他們自由去做分內的事。你希望協助你的人充滿活力，且全心投入；你希望他們**各自**貢獻創意，而不只是聽**你**號令。給他們發揮創意的自主權，他們會以個人的才智回報你，也能使他們持續朝著北極星，也就是你們共同的大目標前進。

不論在這艘創意之船上，你是掌舵的船長，或是被分配掌管船尾樓甲板的最低階水手，事實依然不改，我們誰也不是一座孤島。我們各自是群體的一員。尤其當我們身為創客，透過想像力創造新世界時，更是如此。只憑自己也辦得到的念頭確實感覺良好，足以觸發所有自尊心的按鈕，讓我們自認是百年難得一遇的天才。但經驗告訴所有創客，每個人的成就都是集體共有的成就；而每項共有的成就，都是在投資促成這項成就的文化。我相信當我們齊心為同一個目標努力，這個世界會變得更好。

身為創客，要如何看待你所累積的知識取決於你。你要隱藏起來嗎？你要假裝是天命使你獲知這些見識嗎？或者你要與人分享所學？你會向四周的人敞開心胸，向他們表現出你是什麼樣的人、喜歡什麼、做過什麼、知道什麼、誰幫助過你，你未來又打算用這些做什麼，讓世界變成更適宜生存的地方？

我知道我的答案會是什麼。那麼你的答案呢？

10

—

舉目可見，伸手可拿

東西放進抽屜就等著死去。抽屜用虛假的安全感引誘你，
「幫助」你把東西收好，讓工作室看似「比較乾淨」。

工作室不只是一個製造空間。沒錯，工作室收存我們的材料、工具、筆記和半完成的構想，但工作室也展現我們對組織規畫、專案管理和工作順序的想法。工作室滿載個人的歷史，我們在裡頭享受錯覺，幻想宇宙多少仍存在著秩序，而我們身為創造者，也能假裝對事物有一定程度的控制。工作室是敘述自己故事的後設工具，是記錄創客所有經驗的自我傳述，也是我們選擇解決的問題風險大到足以挑戰我們的地方。我們的成功和失敗在這裡以縮影的方式上演。我們在此和世界相遇，與自己的心靈正面對決。

由此說來，每一間工作室都是一段關於如何工作的個人哲學辯論，受個人信念支撐。而個人信念又與萬事萬物一樣，會隨著時間、經驗和智慧演化，但永遠反映出你這個人，反映在以下幾個創客永遠應該自問的問題：我做的是什麼工作？我喜歡用什麼方式工作？我最常使用哪些工具和材料？我做事喜歡冷靜還是狂熱？我偏愛層架、瓶罐、洞洞板、抽屜、鐵架，還是全部都喜歡？創客的工

作就是學會回答這些問題，瞭解這些答案是如何影響這間工作室應允的樣貌和觀念，如此一來，創客本身的演化方向才會永遠向前，不致困在原地或兜圈子轉，或是把別人的哲學妄加在自己身上。

尼克・奧佛曼（Nick Offerman）是美國國家廣播公司情境喜劇《公園與娛樂》（*Parks and Recreation*）蓄著大鬍子的著名演員，平生一直是名自造者。他在芝加哥西南車程一小時的郊外長大，生在務農的大家庭，家中成員自然都是自造者。「農夫必須是手藝精湛的機械技師、生物學家、畜牧專家兼木匠。」我們在某個夏末上午聊到他的工作室，尼克回憶道。

尼克的第一間工作室，大概就是他兒時長大的農舍，但就連這樣說也有點言過其實。「我和我爸負責砍柴，供應農舍內三口燒木柴的火爐，工作時間非常規律。砍柴自然代表有鏈鋸、斧頭、長柄錘、鑽木楔子。」尼克說。因此他的第一間工作室其實是森林，工作哲學則單純講求效率。

直到他二十來歲搬到芝加哥，進入劇場界擔任布景建造師，才有辦法建立一個能合理稱為工作室的空間，利用的還是他朋友房東閒置不用、用來逃稅的倉庫空間。「他那塊地也只是放著而已，於是我說：『不如這樣吧，你也知道，芝加哥有很多違法闖入民地的行徑。我很樂意住在那裡，建造布景，順便當你的二十四小時保全。』那位房東**也是**個幹話王，竟笑笑地說：『看來我們可以合作愉快。』」

你應該能想像一個年輕布景建造師兼幹話王，在非法住辦倉庫空間弄出的工作室會是什麼光景。「我有一張從大劇場搬回的鋸床、一架裁斷鋸——這兩樣差不多就是劇場工作室固定會有的工具。另外就是一套手持工具，得偉牌（Dewalt）第一套迷人的大黃

蜂六件組電池動力工具，有修整鋸、無線電鑽、往復鋸、無線線鋸，以及雕刻機和砂磨工具。這些差不多就是我需要的全部了。手頭有餘裕以後，再補一台壓縮機、一把打釘機和一把釘槍。」

年輕時，你的第一間工作室八成也一樣陽春，但是有青春無敵當作武器。工作空間會反映你發展中三大精神的內在角力。假如你跟我很像，你的本我會強迫自我與之同一陣線，然後從背後完全壓制你的超我，把它的臉按在地上磨擦，直到倒地不起、全無意識（不是故意玩雙關語），無法正常約束可預期和可接受的行為。對尼克來說，這代表找一張木工桌來支撐他建造布景的所有材料，這麼基本的事，他也棄之不顧。「出於自大，我小看了木工這件事，因為我可是做布景的人。」尼克自首：「建造布景，首重速度。工作的同時還要有專門放材料的地方，我覺得太奢侈了。」相反地，尼克只會抓兩個鋸木架、幾個鉗夾就動手。簡直正中紅心，說中我年輕時的做事方法。「不過，這樣會額外花很多力氣和靈活度。」尼克繼續說：「有十分之一的機會，你做的東西會倒下來，剛做好的背板隨即泡湯。」我對此也有共鳴。

我們最早的工作空間，看上去往往是一團生氣盎然、集混沌和創造於一體的混亂。我們置身其中的當下，會很堅持要那麼做，但拉開一點距離之後，包括實質的距離與時空的距離，我們才會發覺那種作法其實在某方面阻礙了我們的創意輸出。

的確，我的第一間工作室甚至連工作室也稱不上，只是布魯克林公園坡區的無隔間套房；房東允許我免繳房租住在裡頭，只要他決定賣房時，我能立刻搬走。[1]我的公寓裡，看起來就像一張用名

---

1. 這是一種違法行為，稱為「倉庫住人」（warehousing），但我當時甘願受惠。

符其實的垃圾**丘**堆成的等高線圖。那間套房就如同我當時的心境，塞滿成堆凌亂的材料、半成形的構想和撿來的垃圾，簡直快要撐爆了。的確和你想的一樣，我當時經常撿垃圾回家，幻想自己是拾荒藝術家，何況一九八〇年代中期的紐約市正是拾荒者的天堂。紐約人丟出來的東西最教人驚奇，從小鋼珠機台到牙科電動躺椅，甚至有十九世紀的輪船衣箱，令人欲罷不能。

我在公園坡區的套房住了兩年多。直到有一次，一條紅尾蚺意外逃脫，又碰上極度怕蛇的鄰居，我在布魯克林的時光才畫下終點。那段時間，我做了許多雕像和其他酷炫作品，用的全是我拾荒探險搜刮回來、堆成垃圾丘的材料。我每天有好幾個鐘頭蹲在地上，低頭駝背看著地上我從垃圾堆挖回來、琳瑯滿目的廢料，盤算著要化腐朽為⋯⋯某種東西。我第一次成功賣出的雕塑，也是在這裡做的。雖然我的工作習慣壞透了，但若我說那幾年不算無憂無慮，那肯定在說謊。但我也必須承認，我因為在二十一歲那年實踐古老的傳統，搬回家和父母同住，重新整頓身心，才終於看出這種工作方法有其極限。

搬回家後，由於我的平面設計接案工作在最佳狀態仍有些青黃不接，我對曼哈頓特效工作室的恐懼記憶也尚未遠去，我決定在地下室另起爐灶。我帶了所有工具與車子塞得下且不致害我馬上被趕出去的「材料」回家。另外，我搜刮了我爸留在地下室各處沒在使用的東西，花了幾天分門別類，整理成我第一間真正算數的大男孩工作室。

我依照兩個大原則整理這個空間：第一，因為空間有限，我必須將可用空間最大化，這代表得把所有器械和桌架推向牆邊，雜物則堆疊到層架上或桌子下，活用木栓、掛勾和釘子來吊掛物品。第

我在公園坡區第一間「工作室」地板上的日常光景，時約一九八六年。

二，我希望依照需求量身設置這個空間，方便動手建造之外，也有助於發想靈感。這是一個必須持續改良的過程，因為我才二十一歲，不清楚在建造和靈感兩方面我需要些什麼；什麼收納方式最適合我，我也毫無頭緒。

各種整理收納的方法，效果都不相同。你可以收納得一塵不染，所有物品都貼上標籤照色號收存，但四面只剩白牆環繞，你可能會覺得彷彿置身監獄。另一種方法可能同樣整齊，只是比較開放一點，物品晾在外頭，卻能前所未見地觸發創意才華。我的目標是找到其中的平衡。接近平衡時，不只生產力與靈感大增，我也會湧現嶄新的感受，覺得自己是真正的藝術家。我沒有想要成為布魯克

上圖：我的「臉的流動」系列作品。
左圖：《全壘打》（Home Run）
是我第一件賣出的創作，賣給李·
羅倫茲（Lee Lorenz），他是《紐
約客》雜誌的漫畫美術編輯、漫畫
家，也是我家的老朋友。

受到大衛・哈克尼（David Hockney）令人驚豔的拼貼畫所啟發，我也嘗試用拼貼的形式捕捉我工作室的外觀和氛圍（一九八九年）。

林人，這些也不是我小時候習於沉溺的蓬勃幻想，而是值得為之付出的藝術之舉。

　　我回家與父母同住了大約一年。不好過，但也是生產力旺盛的一段時間：我做了**多不勝數**的雕塑品。不久，一九九〇年春天，我在舊金山的好朋友邀我去當他的室友（「我也沒多愛和你當室友，但你至少不會比我現在的室友差勁。」沒記錯的話，他是這麼說的）。我於是搬到了美國另一岸，從此沒再離開。我在西岸的第一間工作室，就只是我在舊金山西增區分租公寓客廳的一張桌子。往後幾年，我走訪過數十間工作室，或者在裡頭工作過，每間都帶給我不同的想法和靈感，為我最終建立自己的工作室提供了許多資

我當時認為真正的藝術家就該是這個樣子，非常雅痞！（一九八九年）

訊。我想像，只要一間工作室就能管馭一切，但現實是，我前後有
過好幾間不同大小、不同用途的工作室。

　　我組過最小的工作室真的很迷你：只有八呎寬、十二呎長，但
是我讓這個空間發揮了很多用途。我那把《銀翼殺手》掌心雷手槍
初期的槍枝改造作業大多是在這裡做的，《第五元素》ZF-1雷射槍
的大部分機器加工作業也是。而我建過最大的工作室，則是我目前
在教會區的工作室（又名「洞穴」），約有兩千五百平方呎。我從
二〇一一年起就駐紮在此，工作室的收納體系也從未停止演化。

　　現在拉開距離，我看得出多年來我打造的所有工作室的相似
處。它們有一部分是相通的，因為有許多年，我做的大概都是同一
類創作，使用的工具、材料和整理術也大約相同。但我的工作室真
正一致之處，是它們都建立在兩根簡單的觀念支柱上，在我經驗漸

我知道看起來超小，就算是在舊金山也很小，但這是一間五臟俱全的工作室。左側能看到《第五元素》ZF-1 雷射槍的繭殼，遮住可口可樂看板的右下角。

豐之後，尤其如此：一、我希望輕鬆看見所有物品。二、我希望所有物品都很容易拿到。先前我提到，工作室堪比一個人工作方式的論述，這就是我心目中理想的工作方式。

舉目可見：視覺噪音

如果在布魯克林時期問我，我理想的工作空間長什麼樣子，我會描述一間寬敞開闊的挑高樓房，有一張工作桌和二十來架帆布工廠用的大型滾輪推車，古早時期常常用來收集信件或待洗衣物。每架推車會裝滿各種不同的材料：一架裝滿引擎，一架裝樂高積木，一架裝電子零件，一架裝形狀奇特的塑膠玩具，依此類推。簡單

說，我理想的工作環境不喜歡固定不動的雜物堆，我寧可把同類物
品裝進滾輪車推著走。一言以蔽之，亂中有序，最能形容我當時的
工作流程。

　　隨著「斷頭谷」（Sleepy Hollow）工作室慢慢成形，我發覺我
其實很喜歡讓工作流程自由蓬勃地發展。所有工具和材料堆放得整
整齊齊的景象，我不感興趣，我喜歡比較自然地往四面八方生長。
身在一眼難以盡窺全貌的空間，我覺得比較自在，但我也要能掌握
這個空間的規則。雜物太多，我的頭腦無法整合眼睛看到的所有資
訊，我的手也無法直覺知道該伸向哪裡、抓取什麼。

　　我替自己在這方面的收納敏感度創了一個名詞，叫「視覺噪
音」（visual cacophony）。我認為有點像交響樂團暖身時，樂音還

「洞穴」，約攝於二〇一四年。

不成曲調，但聽得出一股悅耳的能量，因為每個小節和每個樂段奏的仍是相同的音階，是待會要表演的同一首樂曲。等到指揮走出來，按照曲譜指揮樂團在對的時間、對的長度，用對的順序奏出每個音符，樂曲在此時才真正成形。

　　身為創客，工作室的視覺布置也是基於相同的道理。在公園坡區的工作室裡，我的材料堆就像交響樂團的各聲部持續奏出尖銳的音符，震耳欲聾。在斷頭谷工作室，我的收納邏輯漸漸透露我喜歡的工作方式——快速且意識流。從此以後，這也成為我每間工作室的審美目標。

　　至於我的工作室如何呈現這個觀念支柱、如何達成審美目標，驅策這一點的是我作為創客的成長。我每學到一項新技術，也會累

積不同的工具、黏膠、顏料等練習技術必要的材料。當我會的技術愈多，工作室裡的用具和我建造每件作品可用的選項也會愈來愈多。別誤會，我對自己想做的每樣東西一向有清楚的願景，對於製作方法也有扎實的計畫，但要剝一隻貓的皮，方法不只一種，通往麥加之路亦有上千條；我能用來切割、接合、上色、拋光或組裝作品零件的方法也有百百種。對一個做事求快，喜歡盡快開拓想法，拿起破布、石膏繃帶、鑽頭、噴瓶和顏料便動手做的人來說，所有的工具和材料都攤在眼前，隨時一目瞭然也就更形重要。

　　這也是為什麼我對抽屜是又愛又恨。讓我告訴你我對抽屜的觀念吧：去他×的抽屜！東西放進抽屜就等著死去。抽屜用虛假的安全感引誘你，「幫助」你把東西收好，讓工作室看似「比較乾淨」。但其實把東西收到看不見的地方，也等於從視野移除了這樣東西，把視覺噪音壓縮成單一音調，甚或更慘的是完全靜音。當你把物品收進抽屜，你有把握之後還會記得是哪個抽屜裝著當初放進去的東西嗎？你貼了標籤，但標示有多清楚？確定都和同類材料放在一起嗎？以我使用抽屜的經驗來說，只要眼睛看不見，腦子真的就會忘得一乾二淨，但我希望在工作室能夠立刻找到想用的東西，所以使用抽屜弊大於利。

　　但另一方面，我很喜歡做一件事，就是利用珍珠板、美工刀、熱熔膠和大約一個小時的空閒時間，把下頁上圖這樣的抽屜來個大變身（如下圖）：

　　我用珍珠板替工作室很多抽屜做了特製的內嵌隔板。到現在還沒全部完工，也不確定有沒有完工的一天。這是一個緩慢的過程，因為我首先必須接受那個抽屜是必要配備，接著分派**哪些東西**應該放進去，才能接受內容物將半永久地擺放在裡頭。分格整理過的抽

這些是我所有的刀具和隨附的刀片。

每次看到這張照片，我就感到滿心祥和。

屜，能擺脫我對抽屜的厭惡，讓我願意繼續使用，因為我可以輕鬆快速認出我要的東西，例如那把造型古怪的工具，一個月可能只會用到一次，但動用它的那件工程**只有**這把工具能做到。分格抽屜也有利於清點庫存，免得我剛好在最不方便的時機沒了材料。最重要的是，特製內嵌隔板能讓人一眼看出哪樣東西應該收在抽屜裡卻不在，需要趕快找出來。這也能減少工作室最常發生的問題：感覺東西一直不見，老是跑回商店購買相同的東西。分格抽屜也能幫助我從需要用到的各類工具中，主動挑一把輪換。當了一輩子創客，有時同一種工具我可能收集了很多重複的品項。例如貼著「尺」標籤的筆筒可能裝有三把組合角尺，但是要收進抽屜裡，我會挑出最好用的一把。多餘的我其實常常送人或收進旅行用工具箱，讓整間工作室更加精簡。

收納鑽頭、刷子和劃線器的抽屜。

　　當然也不是每個人都認同我對視覺噪音的偏愛。像在光影魔幻工業，開始每件工作前常見的一個動作，就是搬出長八呎、寬四呎的空桌子，用一張棕色牛皮紙罩住，再貼上黑色膠帶固定，讓你有個整齊乾淨的工作檯面。他們相信人員也能建立整齊乾淨的工作習慣。這條原則滲透了光影魔幻模型工作室的裡裡外外，我離開時也帶上了這個習慣……只是遇上抽屜就不管用了。

　　別誤會我的意思，一間工作室還是有抽屜存在的位置。抽屜很適合存放偏小型、專門化或多功能的工具和材料：刀片、鑽頭、畫線器、鉛筆、鉚釘、墊圈、內六角扳手、鏡片、刷子。只是不能把抽屜視為理所當然，或者太隨興地使用它，因為假如你跟我很像，那你不光是想收納東西，到頭來也會希望能夠取用這些東西。

　　想要用抽屜有效做到這點，需要一套系統才行，我一開始也想

收納內六角扳手的抽屜。

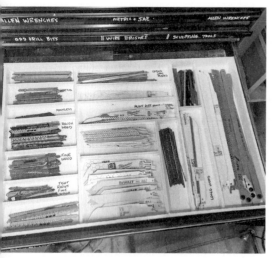

收納鋸片的抽屜。　　　　　　　　　收納大孔切割工具的抽屜。

順應趨勢。剛搬進「洞穴」時，我上分類廣告網站找到一個五
呎高、堆疊式經典裂紋花色的肯乃迪牌工具櫃。肯乃迪牌
（Kennedy）是機械技師愛用的工具櫃，價格不菲，但還是找得到
特價折扣。不過老實說，我當時不太在乎價錢，我真正喜歡的是在
工作室納入這個地位象徵的想法。

　　我在這頭巨獸般的三層工具櫃和其他二十幾個抽屜裡，裝滿我
所有小型手持工具──裝了幾十把，還有幾十把。每個抽屜都貼了
標籤，其中幾個裝了內嵌隔板。但這些都沒幫助，選項實在太多
了。標籤就算用上最大的字體還是難以辨識。**更重要的是，我看不
見任何一把工具。**

　　我給了肯乃迪牌工具櫃足足四年讓它證明自己的價值，但到頭
來仍不得不捨棄，因為這東西天生就是視覺噪音的天敵。取而代
之，我自己打造了一具五呎高、可滾動的五層梯架，每根橫擋上各
鑽二十個孔，孔洞大小足以容納我收在肯乃迪層櫃中每件工具的手

把。我真的把所有收納抽屜全都掏空。每件工具現在有一個十分顯眼的位置，舉目可見，比起先前還要思考收在哪一個抽屜裡，我找到工具的速度快了五倍。我的目光能立刻看到你想像得到的每一種萬能鉗、扳手、鉗子、爪鉤、鑷子和刀具。這是實用性視覺噪音的極致形態。而且，還記得我說東西放進抽屜就等同死去嗎？我把肯乃迪工具櫃裡的物品轉移到自製梯架上時，找到好多我以為遺失的工具。清掉那個抽屜工具櫃的過程，證實了所有我對抽屜的觀感。

伸手可拿：立即取得性

多年來，我的每一間工作室不論大小都是視覺噪音這個概念的逐步演進。每個空間都經過細心漸進的調整，以配合我的行事作風、我的步調，以及我對材料的看法。我目前的工作室就是把這個概念重複演繹到最高境界，五層梯架則是這個概念的縮影。不只我希望舉目可見所有工具的渴望得到了滿足，伸手就能輕鬆拿到的需求也得以實現，不論在工作室的哪個角落工作，我不必移開任何東西就能取得工具。我稱此為「立即取得性」。

若說視覺噪音是我的工作室空間或我**工作地點**的原則，那立即取得性就是我的工作流程（我的**工作方式**）背後的原則。當然，工作方式因人而異，每個自造者都不盡相同。尼克的工作室就不重視立即取得性，而是反映出一個家具製作者的工作流程，以及他對大尺寸木工作業的偏好。

「工作室的格局配置和動線，向來與工作室製造的作品有關。」尼克說：「像我這樣的家具工作室，專做不同種類的家具和家飾品，板材堆放在鐵捲門旁，最方便取用。接著，你要想辦法創

造一個動線，讓材料能順暢通過接合區，緊接著上鉋床，然後能輕鬆地拐過轉角，送上桌鋸切割。所有磨砂機和塑型工具則集中在一個區域。我很幸運，有兩個一千六百平方呎的空間。其中一個滿是施展神奇魔法的機器，集中在一起、方便用吸塵器清理木屑。第二個空間是組裝區，所有鉗夾和大型上膠台都擺在這裡，供完工前最後修整。我真的很幸運有這麼大的空間。很多工作室通常只有一張工作桌，卻要發揮上述所有功能。」

說得很對。我和尼克都很有福氣，有充裕的空間能照自己的需求布置。要是在一般工作室工作，你就必須思考「一張桌子」如何「發揮所有功能」。該怎麼整理收納？各個功能的先後順序該如何安排？這些問題沒有唯一正解，倒是有一個絕對錯誤的答案：對身為創客的你個人來說，不是最順手就是錯的。

我自己也花了好一會兒才悟出這個道理。直到我踏入自造王國足足四分之一個世紀，在二〇〇〇年代初與傑米合作《流言終結者》滿兩年之後，我才發覺自己的工作習慣與別人有多不同。早年製作《流言終結者》，我們有很多作品都在傑米的工作室建造，我發現建造流程常把我累得半死。不誇張，是真的筋疲力盡。我的兩條腿走到痠軟，因為每天在傑米的工作室，我光是為了拿工具就要走上好幾哩。

傑米的工作室充滿無窮可能的動力引擎，從前如此，現在也是。你想得到的每種工法，在他那五千平方呎的空間都能做到，包括：真空成形、製陶、玻璃纖維、焊接、鑄模、木工、索具、漆

左圖：啟用後的梯架。我之後又做了起碼六個，我的工具實在太多了。

繪、噴槍、機械設計、機動人偶、機器人，應有盡有。就如所有的工作室，傑米自有一套收納的學問，受到他偏好的工作方式驅策。他的工作室裡，有焊接專用區、電子零件區、木工區，還有上色專用的噴槍站。每一個區域都擺著和該區作業密切相關的工具。比如在木工區有一整個櫥櫃，專門用來存放二十幾把不同大小的槌子。但我後來發現一件事：那是整棟屋子裡**唯一**能找到槌子的地方。理論上聽起來或許不成問題，但你知道哪裡也常用到槌子嗎？機械工作區，也就是我在《流言終結者》製作期間最常待的地方。只要在傑米的工作室工作，每次在機械區需要用到槌子，我就得千里迢迢走到木工區，從存放槌子的櫃子裡拿一把，再走回去。

聽起來可能只是芝麻小事，但對我來說，這違反了我的一條核心創作原則，那就是立即取得性帶來的效率。我自己的工作室宛如在電影場景中爆炸的嘉年華會，然後像波拉克（Jackson Pollock）的畫作一樣潑灑在牆上。我知道從我這樣的人口中說出來有點虛偽，但表面所見和實際運作的效果未必相同。對我來說，傑米的布置行不通，因為讓我浪費太多時間了。偏偏我最討厭的就是在工作途中，平白浪費時間去拿工具，同樣的時間我本可手握工具盡情使用。常常有那麼一刻，也許是天色晚了，或作品做了一大半，傑米的空間布置帶給我的挫折感，大到終於把我淹沒，我懶得再長途跋涉到木工區。這時手邊可以立刻取得的工具，都被我當成槌子來用──附帶一提，效果絕佳。

相較之下，我的工作室不只到處有梯架推車，三不五時會用到的工具也有好幾套。比方說，我有三套完整的T字內六角扳手：一套供車床用，一套供銑床用，剩下一套放在工作室中央的公用工具區，我經常拿來拴緊或調整設備。雖然每一次拿取只省下些許時

間，但積沙成塔，我相信在手邊架上擺放三套內六角扳手，每年大約可省下十到十二個小時的走動時間。在我心目中，這幾套「額外」的工具早已值回好幾倍價錢。

早期製作《流言終結者》的那幾年，我常發現自己用一種勸人行善的語氣問傑米：**為什麼有人不想在可能用到槌子的地方多擺一把？**每次幾乎都有點動怒。但認識傑米久了，我意識到我問錯問題了。傑米和尼克一樣都是農家子弟。他生長在蘋果園裡，自幼騎馬、開耕耘機長大，也把中西部農家的工作倫理帶進了職業生活。用最正面的詞語形容，我會說那是一種負重前行、有條不紊的態度。他或許不是「不想」在工作室多準備幾把槌子，只是不覺得有**必要**罷了。更重要的是，走一大段路穿過工作室去拿一把槌子，我很確定對傑米別有妙用。我敢說，他一定會利用走路時間仔細思考下一個步驟。

當我察覺傑米的工作室所表現的，是他自幼學到的一套特定價值觀，我也連帶意識到我的工作室並無不同。「洞穴」的設計和格局配置重視速度和反覆重做，也重視我意識流派的工作方法。梯架推車正好是視覺噪音的體現，讓我把抽屜裡所有的東西掏出來，排列在外，一覽無遺。事實上，梯架推車更是立即取得性的終極**進化**，從我十八歲在布魯克林區當拾荒藝術家開始，我便一直朝著這個目標邁進。

那個時候，我在紐約大學參與朋友的學生電影製作，我發覺自己離開住處時，常常隨手抓一把工具扔進一只工具箱，箱子夠裝當天需要的幾樣東西就好。到了片場，我再從箱子裡翻找出需要的工具，幾乎每項作業都有大半時間花在尋找工具。我不時在小烤箱大小的工具箱裡東翻西找，即使槌頭那麼大的東西也得找個半天，而

且往往找不到，除非把東西全倒在桌上。

　　我工作室裡的垃圾堆儘管體積龐大，對我而言至少是亂中有序，每一堆各是一種材料。但是這一堆工具？根本是挫折感製造機。直到有一天，我走在紐約東村街上，意外發現一口二手樣本皮箱，是巡迴推銷員手上提的那種。這口皮箱獨特之處在於它夠寬、夠深，而且夠高。以這個高度，我常攜帶的工具大多能直立擺放。這只是一件小事，卻讓我有如承蒙天啟。工具直立擺放所占的面積比橫放少很多，而且好拿太多了。我立刻去美術材料行買了一些直立筆筒，調整內部隔層，讓萬能鉗、剪鉗和小手鋸等工具也放得進去。往後每次從劇場回到家，我會依照當天工作學到的經驗和隔天所需的東西，重新整理提箱內的配置。

　　搬往舊金山時，皮箱也跟著我搬家。身為自由接案工作者，工具箱和裡面裝的工具就是我的生計。皮箱後來開始崩裂，我必須找合適的替代品，有個朋友非常慷慨，拿他祖父的古董醫生包交換我的康加鼓。醫生包的中心夠深，因此和之前的樣本提箱一樣，我可以沿著中線放進分類夾層，把多數重要工具直立收在夾層兩側，較長的工具則可以橫放在其中一格。

　　我爺爺是外科醫生，我向來也很喜歡古董醫療器具。想到醫生包這樣一件古物，擁有皮革久經磨耗的漂亮外觀和手感，古舊色澤述說著往事，卻也能用來搬運我的工具？我深感著迷。往後幾年，我的醫生包幾經改良，後來則是仿照重製。我在舊金山灣景區的跳蚤市場找到第二個同款醫生包，沒幾天又把它給裝滿了

　　大約同時，我也受雇進入光影魔幻工業。第一天上班，我就背著裝到淋漓盡致的醫生包亮相，給同事留下深刻印象。我成了大家口中那個「背瘋狂工具包」、做事速度奇快的新人。但照我首位主

管麥可・林區（Michael Lynch）所言，我還沒加至**全速**。他注意到我彎腰從地上拿工具太花時間，建議我把工具包掛上剪叉式升降台。這真是絕頂聰明的主意（我就知道我這麼想進這裡工作，《星際大戰》不是唯一的原因！）。當天下班回家，我立刻花一整晚做出剪叉式滾輪升降台。其實當晚我重做了兩次，因為第一個成品禁不住醫生包的重量，馬上就塌了。

　　我愛極了這些新奇裝置，但我從未想過皮革醫生包能支撐的重量有其極限，也沒想過我很快就會碰觸到極限。兩百多把手持工具的重量相加，外加剪叉式滾輪升降台扣住底部，限制了皮革分散重量的能力，使得皮包慢慢壞損。我對醫生包的形狀與其深厚歷史的喜愛，很遺憾地阻擋不了物理作用。面對我施加於它的要求，再多的愛也克服不了皮包設計上的受力極限。

　　某個星期五下午，皮包提把終於斷裂，我跑到教會區的小工作室，耗費一整個週末從零開始，用鋁板和空心鉚釘重製醫生包。總共花了我三十小時、七百多根鉚釘，但星期一上午，當我得意洋洋地走進光影魔幻工業，感覺就像創客界的摩西攜著兩口裝有創作聖約的鋁箱走下山巔。好吧，這形容或許有點過頭，但我認真覺得自己有帥到。

　　這還只是我第一次重製工具箱。此後我仍不斷改良。每次我學到更好的技術或新的

為了看清楚又好拿，我捨棄了俗稱「魔鬼的烤肉架」的線軸，除了膠帶橫向收納以外，我也把線材水平收在傾斜的層架上，每卷各有一個取線孔。

訣竅，尤有甚者，從光影魔幻工業某位藝術家那裡獲得新的工具，我除了會納入技術資料庫，合適的話，也會收進工具箱中。因此，我的工具箱始終不曾真正「完工」，正如我現下的梯架推車以及洞穴工作室本身，永遠是進行中的工程。

退後一步是為了大步向前

令人意外的是，我的工具箱持續進化到很高的境界，但我從未真正問過自己，為什麼我的工具需要用這種方式收納排列。我從來不曾後退一步觀察它們，在心中思忖：**在現有空間下，這些工具最理想的配置是什麼樣子？**我一直忙於工作，沒時間去思考這類問題。我只是追隨直覺，配合工作習慣去調整周圍環境。假如星期一有某個地方未如預期順利運作，星期二我就會加以調整。如果星期二的配置又拖慢了另一個步驟，星期三我會再調整一遍。

只要肯用心，而且想進步，每個創客對自己的工作室都會經歷類似的過程。這是一個逐步遞進的過程，一來會表露你對自造的看法，二來會隨著你的工作方式而演化。不過嚴格來說，演化不盡然

左圖：貢獻一整頁放我的膠帶收納照好像很荒唐，但事實上，膠帶讓我苦惱很多年了。我花了二十年摸索收納膠帶卷的最佳辦法，答案在二〇一七年初才翩翩降臨。當時我隨劇團巡迴演出，看到舞台工作人員把幾十卷膠帶收在層架上。就這麼簡單！我在腦中快速算了算。這確實是最有效率的收納方法。既能看到所有膠帶，要拿其中一卷也很容易，對整體排列的干擾最小。這簡直是從膠帶陰暗面生出的救贖：膠帶中間那個大洞會蠱惑你，央求你把它們串起來，彷彿保證這樣最容易拿取。膠帶幾乎會向你大叫：「把我套在管子上！」但這個方法非常愚蠢，你一旦聽信，膠帶就會奴役你，因為萬一要用到套在管子中段的某一卷粉紅色半吋膠帶，你就得抽掉一大堆膠帶才能拿到你要的那一卷，還要把剩下的套回去。這哪是有效方案，根本是局部運動。呼！我一看到舞台工作人員收納膠帶的方式，馬上草草畫下來，免得忘記。等巡迴結束回到家，第一件事就是打造這座架子。噢對，我承認我的膠帶數量多到誇張。

這跟我用來拍攝這些照片的手持數位相機很像⋯⋯

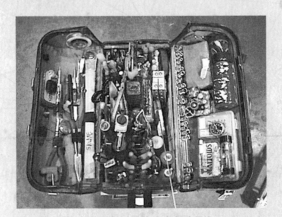

⋯⋯我的醫生包的設計和功能也會與時俱進。

有了這兩口工具箱，幾乎無所不能……

……唯獨過不了美國海關安檢。

是逐步遞進。沒錯，有一陣子會緩步前進，但接著發生了某件大事、某個開創新時代的變化，我們肉眼可見的演化大躍進往往在這個時候才會發生。

身為創客，我從鋁製醫生包和解構肯乃迪牌層櫃建造出的梯架推車退開一步，反而向前邁進了一大步，意識到我在工作室所見的一切，皆反映出我的自造觀念。我最常使用的每件工具、最**喜歡**的每樣物品，都按照能增加可見度或更易拿取的方式排放，收納在我為了增加速度和靈活性買來或自己打造的儲藏用具上。我最不常用、最令我抓狂的東西，永遠是拖慢我步調的東西。這項認知讓我的創作意識向前跨出一大步，盡可能把令我發神經的事物轉化成解放狂想的事物。

我開始花時間反省我的工作，以此監控我使用工具的模式。我觀察自己如何拿取工具，間隔多久會需要用到那些工具。我不斷尋找調整格局配置的方法，讓工作室更有效率，換句話說，就是提升物品的可見度和易拿取程度。事實上，我每天約有兩成的工作時間用在小幅調整物品的收納擺放方式——一點接一點，一件接一件，一個架子接一個架子，一個抽屜接一個抽屜（哪怕不太情願）。

我的工作室想當然爾，配合的是我的需求。反映的是我這個人，體現的是我的工作方法和價值觀念。視覺噪音和立即取得性，只是我創造出來方便溝通的詞彙，協助我和合作夥伴及「洞穴」的團隊成員溝通我的想法，偶爾在較陰鬱的時刻和我自己溝通。它們不是普世福音。你一定會有自己的想法，也應該要有。你對那些大哉問會有不同答案。也許你和尼克一樣，在動線配合你所製造之物的自然律動運作時，你工作得最順手。又或許你跟傑米一樣，在物品分門別類、各就定位的時候，頭腦最有創意，雙手最有生產力。

又或許，你和我們都不一樣。總之，不要停止思索最有創意和生產力的改良方式，也別忘了寄照片給我。因為我始終在尋找更好的方法……通常呢，速度愈快愈好！

11

厚紙板

厚紙板讓我隨時構思靈感、解決問題、溝通想法，
滿足我製作東西的渴望。

　　雖然我自造的東西多半屬於某些類別，例如仿製的電影道具和
角色扮演的服裝，不過瞥一眼洞穴工作室，你會看到一個通才型自
造者會擁有的工具、技術和材料。有適用於各種表面的鋸子，也有
製作各種服裝的布料。

　　不過和我選擇案子一樣，我還是有特別喜歡的材料。講究技術
的專門材料，像皮革、玻璃纖維或壓克力，我也樂於使用，但我最
喜歡的，是我能清楚辨識用途、也知道極限能推展到多遠的材料。
這樣的材料，允許我在設法摸熟特定作品時犯錯，而且由於反覆試
驗的時間和金錢損耗相對較小，我也能藉機學習如何處理其他更複
雜的材料。

　　在我的王國，厚紙板就是自造界的王者兼入門毒品。

　　厚紙板有眾多優點。超級便宜，容易取得，也容易上手。厚紙
板五成以上是由空氣組成，重量輕卻堅固，因此易於切割之外，也
有諸多方法可以輕鬆黏合、組裝：從膠帶到紙鉚釘，熱熔膠到PVA

膠，乃至家用萬用黏著劑，甚至是接觸膠合劑。厚紙板是絕佳的新手訓練村，可供人探索未來遇上的所有材料。等你有能力利用厚紙板變化出各種作品，代表你已經熟悉基本的鋸切、木工和焊接等技術，因為不論你是用皮革、木材、金屬板或厚紙板製作物品，工序都一樣，都是按照特定的規則和條件將平面的造型接合起來。

比方說，將多片玻璃纖維壓製成板，就能製造飛機。在電影產業，同樣的技術則常用於製作模擬模型：可能是巨幅場景或手持道具的快速簡陋模型。我經常用厚紙板來試驗設計的尺寸，掌握這個設計在現實世界是什麼感覺，也讓我在構思、繪圖到製造、裝配之間，先在一個零風險的中間階段，試驗比較複雜的點子。

從十一、二歲起，我就時常探索我的祕密悸動，並利用厚紙板將我的創意狂想化為具體形態。某一次放學回家的路上，我遇到人生中第一個棄置路邊的冰箱紙箱，幾乎是我身高的兩倍，光潔、寬闊又平滑的紙板向我大聲昭告它的潛力，把它推回家的艱辛路程於焉展開。我推了一個多小時，這一個小時間不無險阻。快到家的半路上，我遇到地方上的惡霸彼得。他看得出我在忙的事對我很重要，這對惡霸來說猶如鬥牛眼前的紅布，於是他決定把我攔下來。

說實話，我不是很會打架。我只真正打過一次架，三兩下我就輸了。同理可證，我非常討厭衝突，但這不代表我不會堅守立場。彼得做了惡霸都會做的事，就是聲稱你先找到或擁有的東西應該歸他所有，好像全宇宙都是他的一樣。彼得堅稱那是**他的**冰箱紙箱。我矢口否認。他逼近我面前強調那是他的。我把他向後推開，維護我的物理空間和對紙箱的所有權，我剛才已經花了半小時拖它回家。彼得見我反抗，反應是尖聲大叫：「你推不動我！推不動我！」彷彿物理法則不再適用。但不只是我推他的時候他往後退

了，接著他也從我面前消失。我很樂意想像那是我表現得勇敢無懼的緣故，讓他重新尊我為對手，但更有可能是他意識到，比起為了一個大紙箱動手動腳，霸凌同學的精華時段有其他更好的目標。

我好不容易拖著戰利品回到家，得意洋洋地把紙箱扔在前廊，心裡想著要用它來做什麼。那麼多的可能！我猜除了亞馬遜的老闆貝佐斯，孩童和創客比誰都喜歡紙箱：這麼簡單易得卻出奇堅固的材料，能提供無限的可能性。對孩子來說，紙箱可以變成一輛汽車、一間避難所或一艘逃難工具，也可以是超級聰明的電腦助理、玩伴或《星際大戰》的死星。或者像我方才找到的這個紙箱，成為一艘太空船。

我的朋友凱羅雙胞胎兄弟，當時正用超八釐米底片拍攝一部太空背景的電影。當我告訴他們我撿到一個紙箱，我們便決定由我來做一個堪用的太空船駕駛艙。我恭敬不如從命。我們拍攝了兩天，結束之後，太空船駕駛艙就歸我所有！我立刻把駕駛艙安裝在家中客房的衣櫥內，我為座艙的「視窗」留了約兩呎的空間，然後把那部分的衣櫥壁板漆成黑色（未經同意！），再用白色壓克力顏料畫出點點星空。去年耶誕節留下的燈飾充當燈光，衣櫥門一關上，我就身處**自己打造**的酷炫**太空船**裡了。

兩年後，也是在紙箱自造的過程中，我初次感受到一股深沉的祥和平靜。當時的我解釋不了，只能追隨那種感覺，許多年後我才學到，心理學家經常稱之為「海洋感」（Oceanic Feeling），也就是天人合一的感受。我當時大概十四歲，有過幾次紙製模型的製作經驗之後，我決定大膽嘗試，用**另一個**從街坊拖回家的冰箱紙箱做一個紙板人。

我無法解釋自己為什麼要做紙板人，但我才剛動手，就知道我

遇上一段真正特別的經驗，感覺就像刮開某種重要事物的表面。有一瞬間，那種無比美妙的感受全然將我吞沒，既不是狂喜，也不是驚駭。最貼切的形容只能說，同時間我感覺無限渺小卻又無限廣大，好像我一方面是房間中最小的物體，同時又是**房間本身**（我發誓沒嗑藥）。這兩種互相抗衡卻又系出同源的狀態，形成的張力令人精神一振。

　　做出紙板人之後，我清楚記得自己走進廚房，向媽媽說：「媽，我想告訴妳，一九八一年九月這一天，我真心感到快樂。」

　　同一年末，我仍漂浮在這股海洋感的波浪之間，班上教美術課的班頓老師指派了一份作業，要我們用瓦楞紙板做出一件作品，什麼都行。我已經用普通紙板做過幾件大型作品，那一天回到家，我很興奮地向我爸提到這份作業。他帶我到白原市（White Plains）的美術材料行，在隆重的儀式感之下，買了十張四十八乘三十六吋的完美瓦楞紙板給我。

　　這些光潔無瑕的瓦楞紙板是全新的素材。那平坦開闊、毫無瑕疵的表面所激發的靈感，比我拿來做太空船和紙板人的破爛冰箱紙箱高出一個檔次。我發現這個材料不斷刺激靈感湧現，美術作業只要求做一個作品，我卻做了九個或十個。純粹因為我停不下來。我做了MTV頻道的標誌（當時這個音樂頻道剛出現在第四台，正要茁壯），也做了一把真實大小的電貝斯，用麻繩做出四條弦。我還做了一個唱盤，側邊用瓦楞紙板的表紙收邊，所以完成後，看上去就像塗成棕色的唱盤。那時令我一次又一次投入材料當中、埋頭製

左圖：我為什麼決定做一尊穿西裝的成年大鬍子男，完工後還讓他坐在門外的前廊上，這個問題直到現在，我也答不出來。

作新物品直到就寢時間的那份狂熱，我仍記憶猶新。

　　用厚紙板做東西，是我第一次充分體會到，一個簡單、平價、隨處可得，但用途百變的材料，竟能蘊含無限的深度，帶給我意義非凡的經驗、無限的創意潛力，以及真心的喜悅。探究那些深度，讓我為自造生涯做足了訓練。藉由厚紙板學到的經驗，我知道如何把新方法和新材料整合到我的技術資料庫。厚紙板也讓我隨時構思靈感、解決問題、溝通想法，滿足我製作東西的渴望。

用模擬模型溝通想法

　　身為創客的我們，會愈來愈熟悉在腦中持有複雜的概念，我們自有一套速記方法。當我們只是為己效力，做自己感興趣的東西時，這自然不成問題。但是為他人工作或與人合作的時候，這種訴諸內在分類的習慣，容易導致作品的許多重要基礎被略過、未經討論，因為我們會先入為主假定那是每個人早就知道的事。但其實有必要記住，一般民眾不見得容易接觸或吸收這些知識。

　　我在職業生涯中，與各種你能想像的客戶和合作者共事過。有些人本身也是創客，專業能力與我相當，甚至在我之上，討論一件作品時，能徹底瞭解我在說什麼。也有一些客戶，即使你把兩塊塗好黏膠的木頭放在他們手裡，叫他們合攏雙手，仍舊無法把兩塊木頭牢牢黏住。不論客戶或合作者是誰，能夠有效溝通自己的想法，是創客應當擁有的重要能力之一，否則你的某些企劃可能永遠也無法展開。

　　而跨越溝通隔閡的最佳辦法，甚至不必借助溝通，至少不必借助言語溝通。製作立體物件時，只靠言語和手勢就想溝通複雜的形

《魔鬼終結者三》的這些場景，其實是在傑米和我為《流言終結者》拍攝完前導片、第一集正式播出前完成的。

狀（簡單的形狀往往也一樣），困難到令人苦笑。就像寫書需要先有大綱和草稿（太多份校稿了！），再潤飾成最後的定稿，自造也經常受惠於初始的預備階段，這個階段先確定大的細節，進入最後的製造階段，再確定小的細節。而厚紙板正是一種低門檻的材料，能讓初始階段關於構想的討論，更容易也更完整。

　　我很久以前就學到，任何工作最好的起步方式就是先從簡略的模型做起。這一直是我個人的重要工具，也是和客戶或合作對象溝通時絕不可少的手段。對方能看到我將為他們建造或與他們合作建造的東西，實際的尺寸、形狀、範圍、比例各是如何。在模型製作界，這個我長年做出多數作品的領域，論製作模擬模型的首選，很難有其他材料敵得過厚紙板。用在電影裡的特效段落尤其如此，大製作科幻和奇幻電影的導演會要求做出大型微縮模擬場景（或「巨

照片中是馮‧戴維斯在運動控制台上調整即將供電影拍攝的實攝場景。

縮模型」，正如理查‧泰勒和我們威塔工作室的朋友，為《魔戒》系列電影做完巨型微縮場景之後所戲稱），才著手建造及拍攝實際的模型。

　　我建造過很多紙板做的模擬模型，包括《魔鬼終結者三》（Terminator 3）當中有一幕，角色經過一片窗牆，窗外是一座粒子加速器的入口。實際供拍攝用的微縮模型有六呎寬、八呎長。動手製作以前，我和我朋友馮‧戴維斯（Fon Davis）先花了兩天半左右，快速做出四分之一大小的場景模型。再過七週，我們才製作實攝場景。那是個很漂亮的場景，也是我加入《流言終結者》以前，在光影魔幻工業完成的最後一件工作。

　　紙板模擬模型有兩重用途。一是給電影劇組一個概念，瞭解之後要處理的對象，以及攝影過程中可能會遇到哪些阻礙，例如取景角度不易、攝影機動線受限等問題。此外，也能讓模型師簡單快速

地掌握接下來需要擔心的地方——趁小問題進入製造過程、變成大麻煩之前先行解決；與團隊內的不同成員溝通接下來各自負責的工作，以及那些工作會如何融入整體。天曉得，早期我在光影魔幻工業，對製作目的有較全面的理解，也就比較容易忍耐冗長乏味的工序，例如剪黏一千片一模一樣的太空艙地磚，或蝕刻火箭塔架上的十二層連續迴旋梯。

建築模型及解決結構問題

　　我和妻子一同買下第一間房子的時候，我做的第一件事就是測量每個房間，用厚紙板做出二十四比一的房屋模型，以及房子所占的地坪，包括後院。我主要的理由是想瞭解這棟房子。建造房屋的等比模型，我就可以鳥瞰我們的避風港，藉此把房屋全貌印在腦海中，存進身體記憶。模型也讓我得知原本可能不會知道的事。比如說，我發現可以把暖通空調系統移到二樓一個更好的位置，因為我透過模型發現衣櫥後方有個空位。等比模型也成了寶貴的工具，讓我們與庭院造景師溝通樹該種在哪裡，請建築師在後院搭建簷廊，和彼此討論各件家具該擺在哪裡（我也用厚紙板做出屋內大多數家具的等比模型，非常有用）。

　　過了幾年，我們力爭上游，買下第二間房子，我做的第一件事一樣是製作房屋的建築模型。我們請來幫忙翻修地板的建築師，非常滿意也很佩服我的模型，等比模型成為我們討論各項方案不可或缺的工具。

　　為生活空間或工作空間製作紙板模型超級好玩。除了能用驚奇的視角看到自己的所在位置，作法也很簡單。我通常會先找個紙袋

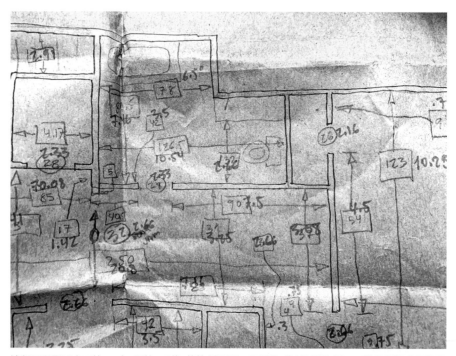

這個平面圖以十二比一（一呎比一吋）的比例呈現，又稱作「娃娃屋比例」。這是看起來很舒服的大比例，但如果要用這比例建造自己房子的模型會有點容易失控，所以房間我多半用十二比一，整層樓面則使用二十四比一。

或隨便一張牛皮紙，大略畫出空間平面圖。用箭號表示我需要的長寬高，然後在箭號中畫上小方格，這樣很容易看出我是否少量了某個測量值。

接著，我走過整棟房子，把數字逐一填入方格，最後房子所有的基本測量值（單位為吋）都齊備了，同時也回答了這個空間一些功能性的問題：門離牆壁多遠？窗與窗之間的空隙是多少？把這些全都記下來。有了實際的測量數值，就輪到換算比例。我會循方格一個一個除以我要的比例數字（通常是十二），再用紅筆把縮小後的新數值填上去，與平面圖眼下形成的視覺噪音區隔開來。

再來，我會把縮小比例的房屋測量平面圖畫在一張厚紙板上，邊緣留一圈空白，給模型一點呼吸空間，也給我一些築牆的緩衝餘地，因為平面圖多半不會把房間之間實際的牆壁厚度算進去。接下來，我便按照牆壁的比例高度，切割出大批長條厚紙板，開始用熱熔膠組裝模型。

類似的房屋等比模型，我至今做過非常多次，做出一層樓面大約只要三小時。你可能會花較久的時間，但無論如何，你還是應該試試。你會很訝異，透過大腦和雙手運算、裁切空間的尺寸之後，你對具體空間的掌握會好很多。日後實際建造或做決定時，省下的時間也會令你驚嘆，畢竟這就是你製作模型的主要原因。

《流言終結者》有幾集節目運用到加州聖羅莎五十呎高的消防瞭望塔。我用瓦楞紙板做了瞭望塔的建築模型，好讓我和傑米能利用模型解決任何設計或製造上的困難。每當企劃包含在塔頂焊接物品，模型就會短暫派上用場，因為將多把衣架拗彎、黏貼到紙板上模擬我們需要的鋼索，比遠赴聖羅莎、背著沉重的工具爬上五層樓高的瞭望塔實地測試，實在簡單太多了。

這不只是等比例模型的優點，像厚紙板等輕量、耐用且萬用的材料，價值也正在於此。順帶一提，聊到便宜又容易取得的材料，不起眼的衣架值得多點關注。我愛衣架，愛到每一個我做的隨身工具包，都放了幾根衣架鐵絲在裡頭。我用衣架開車鎖、搔背，多年來用衣架做的模型索具細數不盡。我也用衣架做過陀螺和極耐用的服裝配件。

衣架是如此完美的一根鐵絲。夠堅固，可用於組建機械，但又夠柔軟，用手上的任何工具幾乎都能輕鬆切斷。很容易彎折，又能維持形狀，而且隨處可見。日常生活中，手邊絕不會找不到一根鐵

絲衣架。我在工作室裡刻意突顯衣架隨手可得的特點，特別留了一個掛架，只掛衣架。一星期中，那個掛架沒被推到工作桌旁的日子少之又少。

道具與服裝打樣

我朋友麥斯．蘭迪斯（Max Landis）身兼編劇及節目製作人。有一次他問我，有沒有興趣為他製作中的新節目做一件功能完善的英雄武器。節目改編自科幻作家道格拉斯．亞當斯（Douglas Adams）的小說《德克的全方位偵探事務所》（*Dirk Gently's Holistic Detective Agency*）。他希望是一把形似十字弓的武器，配合科幻故事的氛圍走蒸氣龐克風格。這當然正投我所好。我一開始打算用厚紙板做原型樣本，但是這樣的武器需要圓潤的邊角，代表我必須轉而仰賴另一種我熱愛的多用途輕量材料：珍珠板。我花了一整天裁切、雕刻，把一片片珍珠板塑造成那把武器的組成零件，有弓身、槍托和扳機護套、握把。我也替每個零件貼上標籤，註明各個零件應該用什麼材料製作，麥斯再將樣本交由美術部門負責。

理論上，只要有我建議麥斯使用的材料，我自己就能做出完整的成品。但那會耗上很長的時間。我不只要取得材料，還要試驗材料之間該怎麼接合，就像坐雲霄飛車上上下下，歷經打樣過程中必會遭遇的反覆嘗試與失敗。而且花費也會非常昂貴，我們彼此都不樂見。但利用珍珠板，先做出一件屬害的主角道具樣本（不是我自誇）給麥斯，他就能將製造任務交付他的團隊，我也能獲得為朋友做道具的快感——這把弓能射出箭矢，**也**能射出雷射！

除了電影道具，我最早的服裝作品也是用厚紙板和珍珠板等簡

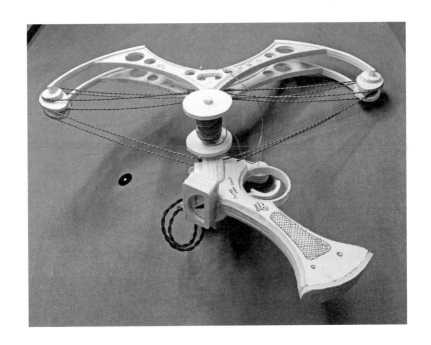

單的材料做成的。記得我高一那年，為了萬聖節用鋁片和空心鉚釘做的亞瑟王盔甲嗎？那其實是第二代盔甲。第一代是早兩年，我用瓦楞紙板做出的全套盔甲**加一匹馬**。

　　這個例子裡，我年僅十四歲，厚紙板是我的首選材料，因為也別無選擇。如今我想用哪種材料製作盔甲都行，只是在這方面，別人可能不若我幸運。所幸過去幾年來，數位科技的降臨在同人圈掀起翻天覆地的變化，為原本工具有限的創客和角色扮演玩家開啟了方便之門。

　　像是名為Pepakura的軟體，能將3D圖形「攤開」成平面樣式，列印在平鋪的標準影印紙上。這些紙樣常用在將EVA泡棉切割出需要的形狀，但也能輕鬆轉用於厚紙板，效果出奇地好。假如你對同人文化有興趣，這是參與角色扮演盛會的絕佳途徑，也能累積服裝

設計與製作的寶貴經驗。想瞭解平面版型是如何接合起來、構成各種不同造型，利用不會害你賠上重本的材料，照現成樣式練習製作，絕對是最好的辦法。

找出你的王者素材

要想製作任何東西，對於作品中的各個零件該如何拼組在一起，必須有具體的理解。對我這種創客──專門自造道具、服裝或電影模型等大型實物的創客，厚紙板是最棒的材料。厚紙板是培養實務知識的絕佳方式，而且超級便宜。只要一把美工刀和一支熱熔膠槍，你大概就能做出一個樣子，瞭解這個設計拿在手上是什麼感覺，與之後會互動的其他物件如何建立關聯，等你開始製造組裝之後又可能遇到多少問題。

但厚紙板也有可能不適合你，不是做你設計的那樣東西的最佳材料。那也無妨。只要想一想，什麼材料最適合你實驗、模擬、打樣，就算失誤犯錯，也不至於害你損失時間、金錢或創作動力。

湯姆‧薩克斯把這種材料稱為他的「神聖剩料」，可能是先前或當前作品的早期階段剩下來的材料，相當於實際作品的副產物。「很像負片。」湯姆如此向我形容：「剩料是成品的反面，因此你已經有一個樣板，也有正好適合你想做的東西的材料。它們甚至就是你需要的材料；比方你要做一個墊片，或是你有某個組件裁得太小，你就有可以延展加大的材料。」

對湯姆來說，更棒的是，當他要實驗各種方法，或是試驗其他

與原有作品不同、但相關的靈感時，剩料上面往往留有那些作品的印記。「剩料也是先前作品的遺跡，說不定你根本不記得有那件作品。」湯姆說：「但剩料上有你的鉛筆痕，有鑽過的螺絲孔，可能有指甲摳洞，某一側的邊緣可能加工過，另一側的邊緣切割過，或者上過漆，或者沒上漆……剩料上有種種隨機分布、但來自真實經驗的痕跡；換句話說，這些剩料有著過往。因為不是全新的材料，所以有靈魂有歷史。」而他在實驗各種想法的時候，可以倚賴這段歷史作為指引。

對身為寫作者的安德魯・史丹頓來說，筆記型電腦之於他，就相當於厚紙板之於我。在筆電問世之前，安德魯不曾真正想過自己能夠寫作。早年他在皮克斯，多數時間都負責繪製動畫和分鏡圖，主要參與製作面的工作。但後來皮克斯獲准編寫、製作自己的電影，喬斯・溫登（Joss Whedon）也親身向他示範，電影編劇只是「把口述電影寫下來」（以他的話來說），安德魯這才意識到他能用筆電做到這件事。編劇就是把他腦中看見的電影畫面轉化成頁面上的文字罷了。

「這我辦得到。我的腦袋從小就裝了好幾部電影。」安德魯告訴我：「幫助我克服心理障礙的另一個條件則是筆電的發明。改用文書處理軟體後，我對寫作的恐懼霎時間消失。因為那就像雕塑。軟體歡迎我暢所欲言，盡情把胡言亂語吐到螢幕上，然後再慢慢剪貼。這個過程愈混亂愈好，也允許浮濫，反正可以再琢磨修改。因為從小受到的教育，我到現在還是這樣，如果要我動筆寫在真正的紙上，那一定得比這更高竿，文章一定要通順，文筆一定要好，達到生花妙筆的程度才行。但那樣的話，我還沒動筆就先灰心了。筆電幫助我意識到，哦，其實混亂也不要緊。」

　　什麼材料除了好上手，還能幫助你完整認識想熟練的技術和想自造的作品？是厚紙板？平紋細布？次等肉塊？碎木材？回收影印紙的背面？文書處理軟體？只要這個材料允許你製造混亂，能持續推動你在創作的路上前行，是什麼都無妨。

12

榔頭、刀片和剪刀

在你學會看出哪些工具能超越原本的用途前，
你還算不上夠格的創客。

　　人類擅長製造工具。我們曉得探索、創新、發明，而促進這一切的，就是我們懂得使用工具。我覺得榔頭**一定**是最早出現的工具：一塊用來把東西敲開或把木椿打進地裡的石頭。用力一揮，就降伏了晚餐或敵人。榔頭是最原始的工具。和早期人類一樣，菜鳥創客也是從一套能應付基本創作實務的基礎工具開始，可能有一把榔頭（一定要的）、一組螺絲起子、一把剪刀、幾把鉗子，可能還有一把月牙扳手，以及某種切割設備。幾乎每個有志於自造的人，都擁有上述清單裡的某幾樣工具。而後隨著經驗累積，我們會開始找尋現有工具的進階版本，也會追求有助於學習新技術的新工具——可能是切割材料的新方法，或是將材料黏合回去的新技術。

　　待能力拓展到超越基礎工具組合以後，要在工具箱中添加哪些新工具，會是一道多因子計算題，需要考量工具的可靠性、價錢、空間、時間、能不能修理、具備的技術，以及實用需求。這些取捨並非無足輕重的小事，因為工具是雙手與頭腦的延伸。依照使用方

式，好的工具會與你「磨合」，愈用愈順手。長久使用的磨耗痕跡，述說著工具發揮功用的故事。工具箱中裝滿你熟悉且惜用的工具，是一件美妙又神奇的事。

但要如何到達此番境界？該怎麼開始累積這樣的收藏？這些是我在製造實務方面最常被問到的問題。新進演員常執著於「演技」，新進作家執著於規律，新進創客則執著於工具。這就好像去參加面試，你不擔心對方會問什麼問題，只煩惱該穿什麼衣服，每個人都想像魔法不在自造本身，卻藏在用以自造的方法裡。

現實是，工具的選擇不如你想像中來得重要，但又比你想的更重要。之所以不重要，是因為工具的選用非常主觀，意思是做事的方法不是只有一種。但另一方面又很重要，因為做任何工作的最佳工具，必須是你用起來最舒服的工具，能隨心所欲發揮你希望的功用，動作方式你能完全理解掌握。對我來說，我用起來最順手的工具，自然是萊德曼萬用鉗，所以我才稱之為我的第三隻手，有事沒事總會用到它——鎖緊抽屜把手、剪指甲、把門鉸鏈敲回原位、挖掉卡進鞋底紋路的口香糖。

工具的選擇與使用這堂課，是我向朋友馬克・巴克（Mark Buck）學來的，我們在光影魔幻工業曾是同事。馬克生得一張和善的圓臉，蓄著帥氣山羊鬍，遮住他細膩的心思、辛辣的機智和一身厲害的自造功夫。他是一個厭惡笨蛋而鍾愛工具的人。他如果經過你的工作桌，見你在工具箱裡翻找太久，他會像老師傅似地用幾近肅穆的語調指導你說：「切記，每件工具都可以是榔頭。」[1]他的意思是，每件工具都能用在並非原本功能設定的地方，包括敲打

---

1. 雖然製造商的保證書大多不會苟同馬克的建言，但他話中的智慧非常真切，這句話在我腦中盤桓了二十年，也成為這本書的英文書名。

等最基本的用途。他的另一層意思是，在你學會看出哪些工具能超越原本的用途之前，你還算不上夠格的創客。很少有人能說出如此真確的一句話。

我在這裡的目標就是傳承馬克的智慧，協助你找到順手的工具，同時指點你如何隨著經驗累積，增加你的工具收藏。這件事並不複雜，但值得一番商討和注意，你才不會像我年輕的時候，讓工作室地板堆滿棄之可惜的垃圾。關鍵就在於，認清你的技術能力目前演進到哪個階段，平常習慣如何使用特定的工具或技術，再照此來選購。

從便宜貨入門

剛起步時，我和大多數胸懷抱負的創客一樣，都是撿我爸工作室不要的材料和我在紐約市四處搜括來的便宜工具，放進自己的工具組。生涯之初，我只負擔得起這種方式，而我猜大多數創客早期的境況應該相去不遠。我就這樣東拼西撿湊合了一陣子——老實說比我預期的久。但是開始在曼哈頓的特效工作室和舊金山的戲劇公司尋找**真正的**工作後，我終究必須開始添購一批較好的工具。

我的問題不在於選擇太少。幾乎每樣你可能需要的工具，在店裡都有琳瑯滿目的選項。問題在於好工具要價不菲，而全天下最令人懊惱的事，莫過於花幾百美元買來一樣工具卻從來沒用過。那等於是把鈔票扔進水裡。所以建立自己的工具箱時，首先要做的是思考自己究竟需要什麼。不論你打算添購一組螺絲起子或一把往復鋸，先買你能找到最便宜的款式。也不要只去Harbor Freight等折扣工具專賣店找。上分類廣告網站看看，逛逛車庫拍賣，向周圍的朋

友或當地的創客空間借用，哀求爸媽把不用的工具給你。然後，在你拿到自認需要的新工具之後，花一點時間實際去熟悉它。某些特定的工具，我甚至會整個拆解開來，只為了從裡到外透徹地瞭解，順便藉此機會確定工具已徹底清潔、上油，該拴緊的地方也都拴緊了。假如你不熟悉一件工具，或是缺乏相應的操作經驗，用這種方式認識工具是你能做到最重要的步驟，因為你可能真的很需要這件工具，但若你還未開始就心生膽怯，接下來你也不會想使用它。那還有什麼意義呢？

等到新工具準備好，就該實際派上用場了。對某些人來說，單是新鮮感就足以激發夠多的熱忱，讓他們主動找機會使用這件工具。但也有一些人不會自動想到要怎麼把新工具納入平常的工作程序。假如你屬於後者，你要熟悉新工具只有一個方法，那就是在你習慣的製作模式與解決問題的演算法之上，把新工具納為子程序。萬一這樣也行不通，你還是覺得很難把新工具融入工作程序中，那可能就表示你不需要這件工具。沒關係，不要緊。你最慘也只損失了投資做此實驗的一小筆錢。但若發現這件工具豈止好用，甚至不可或缺，而你又能天衣無縫地將它融入工作程序之中，那你可就出運了，同時也為工具箱找到了新成員。

升級買好貨

因為我在電影界擔任模型師，工具箱是必要的職業開銷，我也把工具視為不能省的錢。我的工作講求速度和效率，所以任何有助於提升工作表現的東西，花費都值得。我個人的原則是，我若一年內需要某件工具超過三次，那就值得投資買個好的。

不過，我每次還是會先入手便宜的版本，部分出於節儉，部分也是因為我發現這對我下次挑選一件好工具有所幫助。假設有一件工具你從來沒用過，相關評論和實測文章對你的幫助有限。你必須實際操作，看它怎麼配合**你**。你需要拿在手中實際去體驗。這麼一來，當它最後損壞了，你決定投資品質更好的版本，你就很清楚自己想找什麼，知道自己重視哪些特點，哪些功能可有可無。你能當個更明智的消費者。

我剛進光影魔幻工業不久，用鋁片和空心鉚釘重製我的舊醫生包工具箱，那時我工作上不常用到鉚釘，自然也用不上昂貴的鉚釘槍。相反地，我從手邊撿了一把老舊的手動釘鉚器來用。成效一樣好，只是有個小問題：鉚釘很硬，很吃手勁，這把釘鉚器把我的手掌變成一塊殘廢的肉。兩口工具箱各需要超過三百根鉚釘，偏偏我又承諾自己要限時完成，隔天上班就能使用。這代表我得在十二小時內徒手釘上至少六百根鉚釘。

第二天早上，我帶著那兩口漂亮的工具箱現身公司，獲得的關注讓我志得意滿。但接著我拿起鉛筆，正準備謄寫當天的待辦事項清單，才發現不行，我沒辦法握住一枝鉛筆超過一秒。反覆扭轉釘鉚器，害我的手幾乎整隻報廢。我向同事討拍，猜到了吧，他對我說，亞當，世界上真的有鉚釘氣槍這個玩意兒，換作是他，他絕對會用鉚釘氣槍。只可惜，我不是他，因為不知何故，我從沒聽過這件工具。他於是去模型工作室後面找出一把給我看，我立刻想要得不得了，但調查之後才知道，這是很昂貴的工具，好的動輒就要兩百美元以上，可不是一筆小錢。我只用鉚釘做過一件大案子（不折不扣是為自己做的），我覺得自己沒有理由特地買一把。

後來有一天，我翻閱Harbor Freight的目錄，看到一把鉚釘氣槍

只要二十五美元，我二話不說立刻下訂。我認為很值得賭一把，因為我一直很喜歡用鉚釘做東西，最早可回溯到高中時代，以及我的亞瑟王盔甲，而且未來很有可能出現其他與鉚釘相關的作品，需要用到這件工具。

　　結果我想得沒錯。那把二十五美元的鉚釘氣槍，我用沒幾次就壞了，總共只撐了三個月（確實一分錢一分貨），但三個月也算夠久了，我現在知道鉚釘氣槍能如何巧妙融入工作流程中。因此在便宜的這把壞掉以後，要我投資昂貴的高檔鉚釘槍，我毫不猶豫，我知道我用得上。當你確知用途和使用時機，投資高品質的工具在許多方面都有好處。比起便宜的工具，高品質用具的使用壽命自然長很多（我後來買的鉚釘氣槍，過了將近二十年，現在仍在使用），此外也比較不容易失準、好修理、效果更精確，最重要的是，好的工具使用手感往往就是比較好。

擴充種類，增加品項

　　等到你收藏的工具經常輪換且用得很熟練之後，你會開始想到某一件工具是不是需要多幾種樣式。別誤會，我指的不是同一樣工具**多**買幾把──但假如你個人的自造觀念和我一樣，也重視需要時立刻能拿到，多準備幾把就非常合理。我的意思是同樣的基本工具，多幾種不同的式樣或變化。比方說，坊間光是鎚頭就有百百款。尖嘴鉗的每一種式樣，你可能花一輩子才買得完。鑿子呢？市面上鑿子的類型比適合雕刻的木材種類還多。

　　儘管確實往往要價不菲，這些變種的存在目的不是要害你破產，而是為了特殊、乃至於單一限定的用途。我舉個例子。九〇年

代初，我效力於傑米的工作室，有一天需要裁切一片壓克力板。壓克力是極易碎裂的塑膠，用常規桌鋸的圓鋸片切割**不是不行**，但其實不該這麼做。切割出來的邊緣很粗糙，而且還沒裁切完畢，壓克力板可能就徹底裂開（我親眼見識過），總之這個方法很不好。你想要壓克力板的邊緣平滑乾淨，坊間有專為此設計的特殊鋸片。這種鋸片通常是所謂「零鋸口」（鋸齒左右兩側不會突出於刀刃平面）和「三向齒」（環繞圓鋸片的鋸齒，鋒利面一齒略斜向左，下一齒居中，第三齒略斜向右）的設計。我不是非常確定為什麼這種鋸片最適合切割壓克力，而且邊緣切割得超級乾淨，但相信我，真的是這樣。也因此，這種鋸片價格昂貴。

你若是經常需要切割壓克力的自造者，添購這種鋸片就很合理，而且照理也會正確使用並細心保養。但在很多人一起忙活兒的工作室，實際要做到，沒有說的來得容易。總是有人會拿壓克力鋸片裁切塑膠，然後忘了收回去。下一個使用桌鋸的人可能直接拿來裁開一大片膠合板，再下一個人切割了一大塊鋁片，但兩人都沒有注意機具用的是哪種鋸片。你還悶在鼓裡，你昂貴的零鋸口三向齒塑膠專用鋸片已經變成一塊廢鐵。這光是在傑米的工作室就發生了不只一次，於是有人想到在收納壓克力鋸片的層架上貼一張告示：

喂，賊頭賊腦的小子！對，就是你！希望你切割順利，但求你行行好，看在眾神靈的份上，用完以後拜託把這片貴死人的鋸片收回護套。別耍白目。

多年後，我也投資了神奇的零鋸口三向齒鋸片，花的是我自己辛苦賺來的錢，我只寫了幾個字：

限用於塑膠！

　　擁有一片如此昂貴的鋸片，而且只有單一用途，我打從心底覺得自己也算是成熟的創客和工作室經營人了。但同時我覺得有點鋪張，可能還有點做作。我們真的**需要**這麼多各式各樣的鋸片嗎？我們不能只用少於二十三種的榔頭就好嗎？答案是當然可以，但直到我和凱文・凱利（Kevin Kelly）這位《連線》（*Wired*）雜誌的傳奇創刊編輯兼工具迷聊過以後，我才真正明白，為什麼我們身為創客應該欣然歡迎工具多樣性，以及我個人為什麼擁有這麼多工具。

　　「知名物理學家佛利曼・戴森（Freeman Dyson）認為，科學乃因新工具的發明而進步。」我們某天上午通電話聊工具時，凱文這麼開場：「望遠鏡一發明，天體物理學家和天文學忽然相繼出現，人類的知識因此向前邁進。顯微鏡的發明，為我們開啟微生物的世界。廣義來說，科學就是隨著工具的發明而進步，因為當你擁有新工具，也會帶給你全新的思考方式。」

　　凱文道出我每次獲得一件特別的新工具時，初次使用的感覺。比起普通工具，專門設計的工具總是能讓工作容易許多，而這種輕鬆省力的使用感受又能釋放我的腦力，改而思考我還能用這件工具做些什麼。

　　「個人投入工藝創造會發現一件事，當他們改用不同的工具，也會產生不同的想法，看待事物會有全新的觀點，更開啟全新的潛能空間。工具是人類用以探索潛能空間的方式，這個空間充滿了各種可能性。」

　　沒錯。

　　「一開始你還年輕，以為選擇有限，但新工具會打開一個嶄新

空間，你原先甚至不知道它的存在。如果你想摸透那個空間，就要熟悉那件工具。」

沒錯，就是這樣！

「於是，彷彿神靈顯現一般，你現在知道使用那件工具的感覺了，同時也解鎖所有能用這件工具處理的工作。忽然間，你多了一種能力，多了一個可供探索的潛在空間，先前你甚至不曉得有這個空間存在。」凱文一邊說，我坐在洞穴工作室的工作桌邊，望著一個標記著「剪刀」的抽屜。凱文剛才說的每一個字，都直接呼應這格抽屜裡裝的東西。

你可能覺得一間工作室最多只需要一把剪刀，或者以我來說，頂多準備三把就足夠，依照需求散置在工作室各處，但你不知道，真實情況差得可遠了。事實是，數十種不同的材料，所用的剪刀種類迥然不同。

有一般的剪紙剪刀，你在商店的五金雜貨區就能找到，那些已經非常夠用了。買一把便宜的，充分使用它，壞了再買一把。這就是我的策略。

也有專剪金屬薄板用的鐵皮剪。普通剪刀雖然也能剪開鋁箔紙，若遇上比那更厚的金屬材料，你就需要一把好的鐵皮剪。別猶豫，投資一把拿起來稱手的好剪刀。使用時記得戴手套，因為被紙劃傷痛一下就過了，被金屬劃傷可是需要送醫院的。相信我，我就上過醫院。

鐵皮剪有了之後，你還需要一把醫療剪刀。醫療剪刀的刀刃尖細且銳利，很適合伸入狹窄處。我的急救箱裡備了一把，模型製作工具架上也有一把。派上用場的次數比你想像中來得多。

然後，還有剪線刀，用來修剪縫線上多餘的線頭。大剪刀也可

以剪線頭，但剪線刀是專門為此目的設計，外型小巧，非常管用，也容易控制施力，比普通剪刀好上太多。等你入手，一定會寫信感謝我。何況剪線刀也很便宜，快點上網去買個十支。甭謝了。

最後，別忘了裁縫剪刀。一把好的裁布用剪刀，是創客工作室裡另一種**不可或缺**的剪刀。而且，請務必像珍惜壓克力鋸片一樣，善加保護裁縫剪刀。講明白點，你**絕對**不能讓任何人拿你的裁縫剪刀去剪紙。

很多人都不曉得，比起多數材料，拿刀刃剪紙鈍化得比其他材料都更快。從材料科學的角度來看，造紙用的紙漿纖維和混合材料，對刀口很傷。有些表面加工的塗布紙，內含三成的黏土，對金屬有磨蝕作用；有些再生紙依然含有造紙時跟著絞碎成漿的垃圾，包括微細的金屬屑。簡而言之，剪紙對任何剪刀都很傷，但對裁縫剪刀尤其嚴重。所以在我的工作室，每一把裁縫剪刀上都用醒目的立可白寫上：**不剪布就等死**。

我從一九九五年起就這麼做了，當時我參與製作一齣電視節目，逮到一名製作助理拿我最好的一把百元美金裁縫剪刀，來剪假花莖。你可能不知道（他肯定不知道），塑膠假花莖內有一根細長的硬化彈簧鋼鋼琴線，會在鋒利的剪刀刃口留下永久的缺角，剪刀形同作廢。

我把凱文的話銘記在心，他說工具是通往新空間和更深厚知識的途徑。但有時候，工作室裡擺著只有單一用途的工具，還是讓人覺得有點揮霍跟奢侈。但你要記住，你不是一開始就下重本買壓克力鋸片，而沒先買過多用途圓鋸片組合；你不是跳過標準羊角鎚先買內飾專用鎚，也不是沒買便宜的萬用剪刀就先買裁縫剪刀。你做過的東西夠多，犯的錯也夠多，因此瞭解自己習慣的工作模式，也

清楚擁有一把一次就把事情做好的工具，能帶來哪些好處。

超機密特殊工具

　　添置工具的最後一個層級，你單憑自己無法觸及。勢必要由你所屬的創客社群，或你的合作夥伴、同事和客戶拉你一把。出現在這個層級的工具——我把技術也涵蓋在內，你永遠不會知道有這些東西，除非更有經驗的人與你分享他們的知識。

　　多年來，我經人分享才得知的工具共有數十種，包括一種日本拉鋸、一種漂亮的放碼尺（C-Thru ruler）和三角板（邊緣有切割用的金屬條，我用了三十年），還有佛斯特納（Benjamin Forstner）發明的圓孔鑽頭（我發現有這種工具存在時，佩服得五體投地）。有人向我介紹步進鑽（step drill）之後，我記得我對一個工程師朋友說：「兄弟，我發現一種鑽頭，能在三十二分之一吋厚的壓克力板上鑽出一個一吋孔，壓克力也不會裂開。」他聞言高呼：「怎麼可能！」

　　如果說電影劇組是一支問題解決大軍，那模型工作室一定是發明家大軍。我們在光影魔幻的模型工作室，最愛交換令人驚奇或別具巧思的工具、技術和訣竅。好點子會如電流一般，頃刻竄遍整個工作室。我受惠於人的次數遠比提供發想的次數多，但我記得有一次我分享的好點子，大家看了都讚不絕口。

　　當時我們正在製作《太空大哥大》，必須做出一架俄羅斯衛星，將近十呎高，表面覆有十多個雷達盤。我負責製作雷達盤的迷你模型，每個看起來要像熔接成碗狀的鋼桁架結構。

　　這東西其實不難做，只要把很多根小細柱黏合成桁架的形狀就

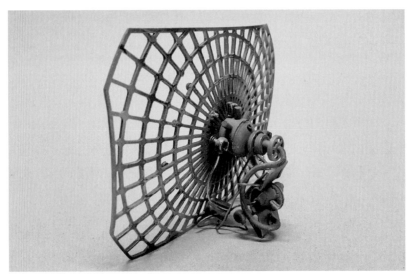

我替自己多做了一個雷達盤。模型師遇到令他們心癢的東西，時常會多做一個收藏。噓，這是祕密。

行了，但這個方法非常花時間，我只有兩天能搞定這件工作，所以必須另闢蹊徑。

　　我拿一公釐厚的壓克力平板雷射切割出框架。再用木工車床雕出一個直徑七吋的碗當模具。碗下架設加熱裝置，然後把雷射切割的平面框架放在碗上，讓加熱器熱烘壓克力，直到框架慢慢塌陷成碗狀。用這個方法，我兩小時可以做十二個雷達盤。

　　《星際大戰》的原型模型師羅恩，經過我的工作桌覺得很好奇，問我在做什麼。他很喜歡這個辦法，立刻替我到處宣傳。那天下班前，幾乎每個同事都跑來我的桌邊一窺這項新技術，一邊思考可以如何應用在他們的作品。

　　有一次，某位新進模型師不小心拿鋼絲絨擦拭一片真空成形的大透明窗，那是為電影《A. I.人工智慧》場景製作的大樓窗戶。我

們都不知道這下他該怎麼修復。拋光大片壓克力上的細小刮痕（壓克力板在鏡頭下須達到光學透明度）簡直是不可能的任務。我們當模型師的都經歷過類似的意外。悲劇是，用來製作窗戶的模具壞了，而透明窗就只有這麼一片，這代表他別無選擇，一定得修復這片窗戶。他想到的方法令人叫絕，但也嚇死人了。

他戴上防毒面具，把能溶解壓克力的液態焊接膠倒進平底鍋，放在電磁爐上加熱。等膠液開始蒸發，他把那片窗戶近距離平舉在鍋子上方，讓蒸發出的焊接膠熱氣撫平那些微細刮痕。他簡直是《絕命毒師》（*Breaking Bad*）等級的瘋子，但還真的管用。這種獨門技術可以直接歸入「在家切勿嘗試」的類別！我個人在哪裡都絕不會嘗試——說真的，光想到加熱有毒溶劑，我就怕死了。但這並不代表我們不會在往後幾週熱烈討論這件趣事。而且我敢說，我在光影魔幻工業的幾個老戰友在那之後遇到難題，肯定也曾掏出這招。只要你是自造創客，碰上需要解決的難題，你絕對會這麼做——你會抽出箭袋中的每一根箭，直到找出最能準確命中紅心的那一根。

以下有幾根額外供你收入箭袋的銳箭，這完全要感謝寫作本書期間，我有幸討教的幾位優秀創客。其中有一些工具，你可能本來就知道，甚至已經擁有，但每一樣都是這幾位優秀創客在別人介紹前、不曾耳聞的工具；他們自己試過之後，個個相見恨晚，驚嘆不已。想像一下，有多少類似的工具仍等著你去發現：

珍・夏克特，創客空間「OpenWorks」的駐點藝術家——電子卡尺：

「我記得第一次有人拿電子卡尺給我看的時候，我驚訝得合不攏嘴。使用電子卡尺，測量物品時起碼多了三、四種方法。」

比爾．多朗，道具自造師兼泡棉職人——磨刀器：

「切割EVA泡棉，刀鈍得很快。我製作第一套《質量效應》盔甲時，全部材料都靠一把萬用刀切割。每割五刀，就得把刀片扔掉，再割五刀，再扔刀片。最後大概扔了一百多片刀片，盔甲才完工。作業速度也很慢。有了磨刀器之後，我只要把刃身在磨面上來回快速滑兩下，回頭又能在泡棉上切出乾淨漂亮的淺痕。」

馬克．佛蘭費德，《Make:》雜誌主編——頭戴式放大鏡和手持軟管擠壓器：

「我在亞馬遜拍賣網站買的一只十美元頭戴式放大鏡，我從沒想過會一天到晚用到。它配戴的方式就像一般頭帶，上面有兩個大鏡片可以翻下來罩在眼前，還有用鉸鏈固定的幾層鏡片，可以選擇放大倍率。

「另外我也常用一件名為手持軟管擠壓器的工具，可以用在很多場合。這是一種製作精巧的鋁製工具，有類似發條的裝置。但最酷的不是發條，而是兩個鋸齒狀的圓筒，只要把軟管從中間穿進去，例如水彩顏料或牙膏，不管軟管裡裝的是什麼，都能擠到一滴不剩。這是它最厲害的地方，而且好用到永遠用不壞。」

尼克．奧佛曼，演員兼木工達人——卡式刮刀：

「卡式刮刀是一片薄鐵片。這種工具你可以買現成的，但其實也能利用剩料自己做。想像你有一片三乘五吋的長方形鐵片，厚約三十二分之一吋。你用鉗子固定鐵片，然後拿一把螺絲起子或一根拋光鐵棒，垂直對準鐵片的長端，朝一側傾斜四到七度往下刮，將鐵片邊緣拋光，形成一道細窄的錐面。如此一來，你就擁有一塊帶有微細錐面的長方形鐵片了。接著，把錐面當作前緣，雙手握穩鐵片，錐面在前朝下，手稍微施壓讓鐵片微彎，利用錐面推刮木板的

表面，就可以刨出比手刨刀還細的木屑。這件工具絕對是自製工具的冠軍。」

我百分之百認同。

後記：天天打掃

假如工作室凌亂不堪，我就得在收拾中展開這一天，
這對我的動力會造成微小卻難以忽視的影響。

　　我家孩子年紀尚小、還住在家裡的時候，每年過耶誕節，我們都會買一棵真樹，全家人一起裝飾耶誕樹。裝燈具永遠是我的工作。年復一年和六串閃閃發光的白燈泡纏鬥，簡直要我的命。我們從樹園回到家，把樹固定在基座上，我打開貼著「燈具」標籤的盒子，裡面收納著去年留下的裝飾品，一大綑糾結纏繞的電線、燈泡和插頭隨即映入眼簾，不知道怎麼有辦法打結成這樣。即使是不慶祝耶誕節的人，想必也能體會解開一大團糾結電線的痛苦。你一點也不想花一個鐘頭慢慢把線理順，但你知道不做不行。有幾年狀況比較不嚴重，但那只是運氣好，不是因為我有什麼對策。

　　後來有一年，又到了拆耶誕樹的時候，我手邊正巧有一個空紙筒。我突發奇想，抓住耶誕樹頂的燈串末端抵住紙筒，然後我一圈一圈繞著樹走、一邊轉動紙筒，把燈串纏繞在上面，活像耶誕節期間理髮廳的旋轉燈，直到六條燈蛇都完美盤繞起來，可以收進指定的裝飾收納盒內。之後，這件事就被我忘得一乾二淨。

　　過了一年，下一個耶誕節來臨時，我照慣例挖出所有的裝飾品。當我打開裝燈具的盒子，我看到疲累的全職父母在佳節時分盼望的最大驚喜：乾乾淨淨、整整齊齊。盒子裡是我去年用紙筒收納的燈串，纏得有條不紊，隨時可以放線。

　　我當即的反應是非常驚訝，一則驚嘆這個辦法真聰明，二則是訝異自己完全忘了，但驚訝很快便化為感激。我很慶幸自己前一年不吝花時間整理，因而拯救了現在的我。

　　「多謝你了，過去的我！」我還真的對自己說。

　　「別客氣，未來的亞當！」過去的我也在虛空的另一頭大喊。

　　不過我之所以心生感激，不只是因為耶誕燈具收納整齊，而是那表現出我目前生活的寧靜與平衡，讓我湧上最大的感觸。因為秩序和平靜並不是自然而然降臨於我的特質，不論身為一個人或一名創客皆然。

　　我今天算得上是個有條不紊的創客，但我曾經以相反的形象廣為人知。我以前是個邋遢的人，是**真的**很髒亂的那種邋遢。堆積在我布魯克林區第一間工作室地上的垃圾，還不算什麼，應該說，那只是冰山一角。缺乏整理規畫的習慣也貫徹到我的私人生活。我是個散漫的人，是個髒亂的室友，跟我住在一起會火冒三丈。混亂與我同在。

　　我總是急於進行下一件事，沒耐心去想，花時間整理環境不僅有立即的好處，**也**有長遠的利益。有朋友來作客時，我很喜歡打掃整理，但除此之外，我很能忍受雜亂無章的生活形態（實際上，我也這麼過活）。有一次在布魯克林，我養的貓雷吉斯在我睡覺時，把我擺在暖氣爐上的盆栽推落到**我頭上**。當時我在更衣間鋪了日式床墊充當臥房，泥土和枝葉這下子灑滿床單。但我拍掉床單和毯子上的泥土之後，又睡了兩星期才把床單拿去洗。我有好一陣子都是這副德性。

　　後來我慢慢一步一步學會當個整潔的人。我欣然披上「愛乾淨」之人的外衣。對此大概沒人比我更驚訝了，除了我母親以外。

高中時代，我的房間亂到極致，數不清的模型和做到不同階段的服裝到處亂扔，間雜用樂高積木興建的巨型城市。如今我也把兩個兒子拉拔到了成年，我體悟到這種雜亂無章有部分純粹是青春期使然，現代觀念也承認這種習慣可能會持續到二十幾歲。以我來說，確實如此。

　　但脫離青春期、學習步入成年，並不足以刺激我收拾自己造成的豬窩，而是發生了另一起變化。我體內某處的某個東西產生了轉變，我從一個從不願意花時間清潔打掃的人，變成一個深切享受整理工作空間的人。

從髒亂到乾淨

　　我的轉變並非一氣呵成，而是循序漸進發生的。一九九〇年代後半，我邁入三十歲，在教會區巴特雷街租下第一間公寓，也開始在地下室做一些比較正式的案子。

　　巴特雷街的工作室，是我第一個真正按照自己的偏好和需求設計的未加工空間。我在這裡首度嘗試了日後為我沿用的一些概念和措施。雖然大多時候，整個空間都像個垃圾坑，但是最後兩年，我每天上樓離開前會整理環境。你們真該瞧瞧，整理後的工作室變成一部更有效率、運作更順暢的機器。我因此釋放的頭腦空間，以及眼前觸手可及的開敞工作環境，在心理和身體上都給予我更大的空間，去挑戰更多樣的作品，我逐漸體悟到花時間打掃整理可以換來多少好處。

　　等到投入《流言終結者》之後，我對打掃的感激之情又更強了。由於我不再有時間經常打掃，反而體會到我失去了什麼。節目

巴特雷街的工作室，四十呎深、十二呎寬。我在這裡工作了七年，其中約有四年，以此養家活口。

製作滿檔時，我們每年拍攝的天數超過兩百天，表示一整個月裡，我能待在自己工作室的時間，**加起來**大概只有幾小時。我篩選收藏的工具，只留下成果快速精準的那些，好讓我僅有的零星時間最大化，但這往往代表我得匆匆忙忙趕往拍攝工作，留下一片混亂的工作室，相隔數週才會回來。

當我好不容易有一週以上集中的時間，有時我卻得花上個把小時收拾殘局，把工作室恢復到能做事的狀態，這完全說不過去。不管回來的次數多少，我都應該延續過去的習慣，在離開的那一天利用最後片刻打掃工作室才對。這對我的工作動力會大有幫助。

二〇一一年我搬進洞穴工作室之後，這項好處尤其顯著，無可

質疑，付出的代價相比之下微不足道；繼視覺噪音和立即取得性之後，這個觀念也成為我的工作室另一大思想砥柱。直到今天，我每天離開前還是會收拾工具並打掃環境。

當然，我也不是每次都做得很甘願。不少時候，自造的東西讓我吃足苦頭，不想再多看它一眼，我已經待到很晚，只想回到溫暖、靜謐的家，不必再和那些失敗的問題解決方法面面相覷。但我回頭看看工作室，瞥見當天工作留下的滿目瘡痍：每張桌子上都有工具沒收拾，滿地延長線，螺栓和螺絲起子東堆西放，還有散落的木屑、鋁屑或鐵屑。假如明天早上回來時，這些都還沒收拾整齊，我現在看到的每一樣東西，只會削減動力。

我的全套收納策略、我每天結束前用在清掃整理的每一秒，重點都是為了維持我的自造動力。每天早上踏進工作室時，工作室的狀態會影響當天在裡頭發生的事。假如工作室凌亂不堪，我就得在收拾中展開這一天，這對我的動力會造成微小卻難以忽視的影響，形同要我穿上鉛鞋再起步走。對一個做事求快且面對複雜建造需要有反覆重做的動力、以找出最佳解決方案的人來說，一天從清掃中開始，無異於裝飾耶誕樹、得先整理糾結成一團的燈泡串，簡直會要人命。

但若工作室整齊清爽，我走進去時，桌面空敞，一排排工具都在架上該在的位置，我只要取下當天進行的作品，思考今天該從哪裡動工，那麼空氣中便感覺得到電流突竄，隨時迸發各種可能。抓起第一把工具的感覺是如此舒服、對勁。既然可以，為什麼不讓每天都這樣展開？每天結束前只要花十五到二十分鐘，就能換到隔天生產力滿載的六到八小時，甚至十小時。

這也就能說到，當初想到如何收納耶誕節燈飾時，我與自己那

段對話的真髓——每天清掃環境並且把工具收拾整齊，正是現在的我在與未來的我在對話。此刻的我，認同未來的我喜歡維持做事的動力，假如正逢關鍵階段，卻得四處尋找工具或者走到工作室另一頭去拿取，可能會拖慢創意發想的過程，乃至構成對整個企劃存亡的威脅。

湯姆在介紹自己工作室措施的短片《十枚子彈》（*Ten Bullets*）中，有一整段就在講解清掃環境。我向湯姆提到我的想法，我說打掃永遠是當下的自己與未來的自己對話，他則指出打掃也是一段重要的反省時間，甚至認為打掃近乎冥想：

「怎麼說呢，換個角度來看，你描述的也是一種冥想或反省的形式。比如你在打掃，望著那堆木板，你的想法會連結到你正在自造的東西、那和你至今完成的事有何關聯、與接下來要做的事又有何相關。這麼做，你把自己定錨在當下，安住於身體所做的事，也就是打掃，但你的內心正在冥想此刻與過去、未來如何連結。那正是所謂的計畫和反省。」

確實，計畫和反省不只是打掃的部分內涵，對自造來說也是必要環節。發想創意、畫草圖和列清單，不就是不同形式的計畫嗎？而核取方塊、實驗和預製模型，不就是在反省目前已經完成的事以及之後想嘗試的事嗎？

面對自己

我虔信工作是一個神聖空間，而我們就像祈禱者，在那個空間裡留心對我們別具意義的事物——我們正在做什麼、我們想自造什麼、我們如何解決執行企劃時遭遇的問題、我們透過努力能成就什

麼。每次付出努力都做到盡善盡美，就如同應付每件真正具有風險的事，我們必須面對自己。

我所謂的面對自己，指的是觀察自己的習慣並從中學習，根據獲得的資訊做出改變，使自己進步。我指的是，勇敢制止自己對某一個企劃該如何進行**心存定見**，改而看企劃**想**怎麼走，再順勢而行。作品該是什麼樣子，與作品想成為什麼樣子，瞭解這當中的差異，尊重兩者之間的鴻溝，是實現創客潛能的關鍵，也是職人成為大師的重要環節。

自造最基本的流程無非是發想與建造。兩者互有關聯，但並不相同。我們永遠無法充分想像最後建造出來的樣子，建造出來的也永遠不會跟設想的一模一樣。永遠沒有哪件事會原原本本照計畫走。面對自己，代表為上述事實負起責任，和現實和平相處。現實就是，想造出一件真實具體的東西，多少得捨棄當初想像的成品模樣，不能執著於成見。

要做到這一點，你需要傾聽腦袋裡的某些聲音，忽略另一些聲音：傾聽你的作品，傾聽工作室本身，關注它的需求。凌亂的工作室充滿了雜音。整齊的工作室很安靜，是能真正觀照自身的地方。用觀照這個詞很貼切，因為我一來想表達湯姆所說的冥想概念，二來也想表達有如照鏡子般的實際倒映——工作室的狀態，就是自造者的狀態。

任何創客空間（或錄音室、畫圖桌、縫紉機），都是自造者能安全體驗人生興衰浮沉的地方。我們偶爾會把事情搞砸，但遠遠不必賭上生死；偶爾會勝利，但是伴隨成功而來的沉重期望，不會立刻加諸在我們的肩膀上。在工作室裡，我可以假裝宇宙變化有度，而且有一部分能受我控制。花時間安排事情的先後緩急、工具的好

拿易使，以及環境的清潔整齊，也就是將某一種價值觀投射到你的靈魂深處。

我同意湯姆所說的，天天打掃近似冥想。而這種冥想，如同超驗沉思的個人箴言，必須對你個人，以及你身為創客產出的創作發揮作用。以下也是湯姆說的：

「一天結束時，花時間清掃環境、把工具排列整齊，是反省今日事的一種方法，而且把東西全部收拾乾淨，隔天開工也會輕鬆很多。但我想很重要的是，每樣東西都是因為能為你所用而出現在那裡，這點令人滿心快樂。」

現在有幾種樂趣，比走進工作室、在乾淨整齊的空間裡工作更令我享受。那就是偶爾有一天，我在工作室並不十分乾淨的狀態就離開。是的，這種情況依舊會發生。我還是會有進度一籌莫展的時候，要我在工作室多待一分鐘都受不了。有時候，我依然需要奪門而逃，拔掉插頭，快快結束倒楣的一天。

遇上這種日子，我不會因此痛責自己。我會盡可能面對自己，但過程中也會盡量溫和。當下的我會與未來的我悄聲交談，答應這只是一次例外，不會養成習慣。第二天，未來的我重新充飽了電，通常會回答，偶爾拋下完美計畫出走也沒關係。

你也是，沒關係的。在自造的世界裡，有寬厚、包容的空間。有空間收容我們每一個人。

謝辭

　　寫這本書非常痛快，也深富教育意義，雖然偶爾令人灰心，但也激發無數的靈感。而且，比我原先想像的困難多了。要是沒有這麼多人的無限慷慨，我絕對做不到。謝謝德魯‧柯提斯（Drew Curtis）很久以前就開始推動這個古怪的計畫。伯德‧利維爾（Byrd Leavell）讓計畫起飛。尼爾斯‧帕克（Nils Parker）教我在壓力下保有寫作的結構、流暢和優雅。謝謝馬修‧班傑明（Matthew Benjamin）對書的珍視，把書視為重要的文物和改變的催化劑。

　　我早年的啟蒙恩師也值得在此留名。謝謝我父親給我的建言和身教。謝謝傑米‧海納曼教我當老闆的風範。米奇‧羅曼諾斯基教給我的太多、太多，在此細數不完。也要感謝在我的工作生涯中與我在工作桌上撞肘合作的所有同事，人數實在太多，無法列舉，但你一定知道我要謝的就是你。我也想對我有幸認識的每位年輕創客致意。你們每一天都帶給我鼓勵，真的。

　　最後，謝謝我的家人，特別是我太太，謝謝她對我表現出無限的信心，以及她那尖酸辛辣、令人嘆服的幽默感。

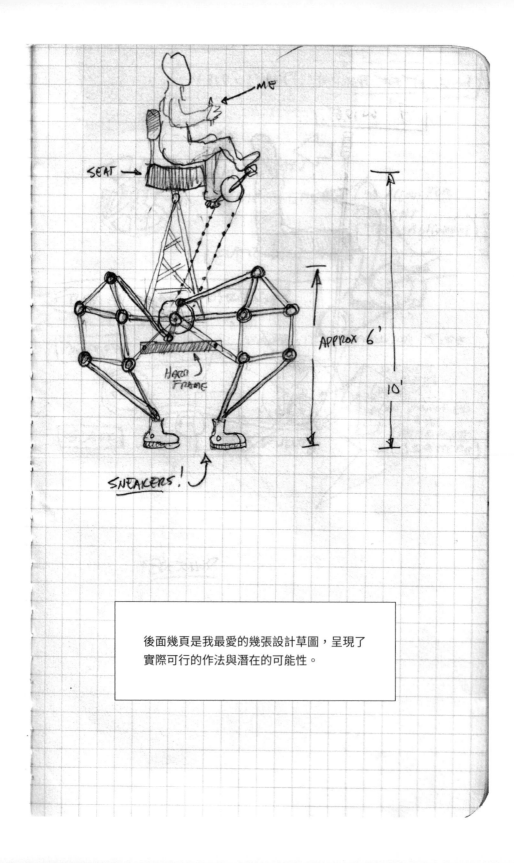

後面幾頁是我最愛的幾張設計草圖，呈現了實際可行的作法與潛在的可能性。

EACH LEG BREAKDOWN x 1/2

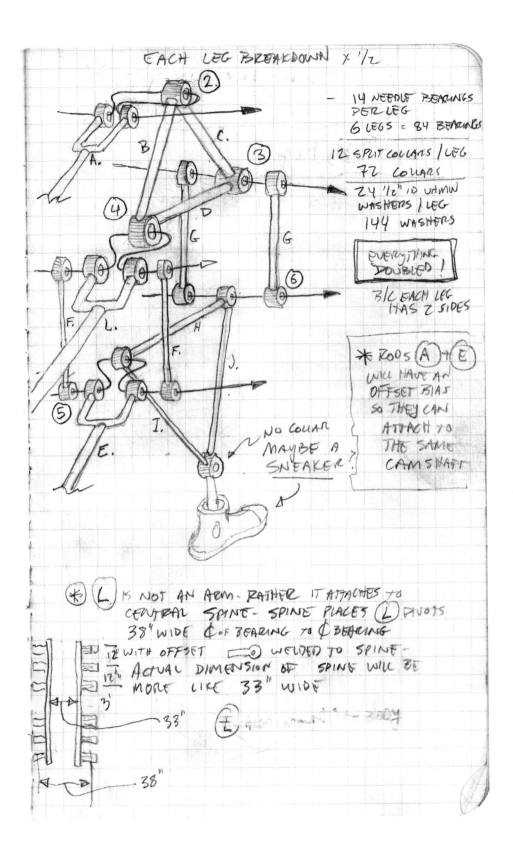

— 14 NEEDLE BEARINGS
PER LEG
6 LEGS = 84 BEARINGS

12 SPLIT COLLARS / LEG
72 COLLARS

24 1/2" ID UHMW
WASHERS / LEG
144 WASHERS

EVERYTHING
DOUBLED !

B/C EACH LEG
HAS 2 SIDES

* RODS (A) + (E)
WILL HAVE AN
OFFSET BIAS
SO THEY CAN
ATTACH TO
THE SAME
CAM SHAFT

NO COLLAR
MAYBE A
SNEAKER ?

* (L) IS NOT AN ARM. RATHER IT ATTACHES TO
CENTRAL SPINE · SPINE PLACES (L) PIVOTS
38" WIDE ¢ OF BEARING TO ¢ BEARING
WITH OFFSET ⊙⊐ WELDED TO SPINE ·
ACTUAL DIMENSION OF SPINE WILL BE
MORE LIKE 33" WIDE

33"

38"

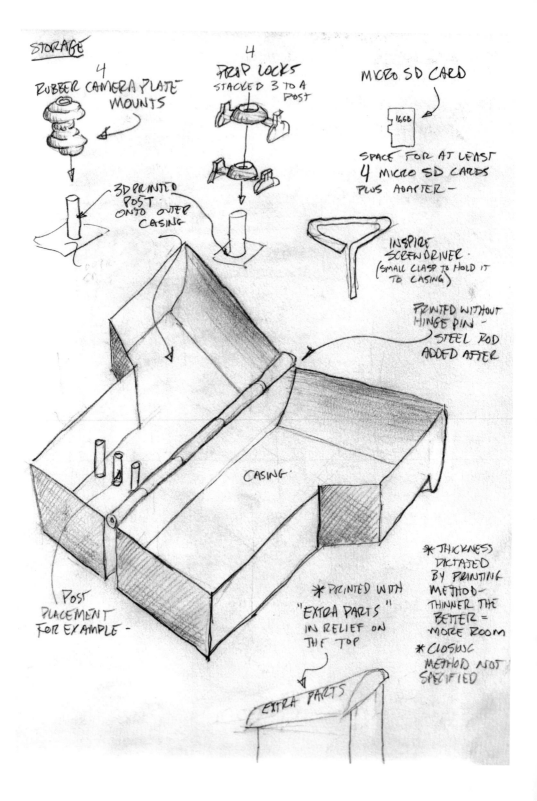

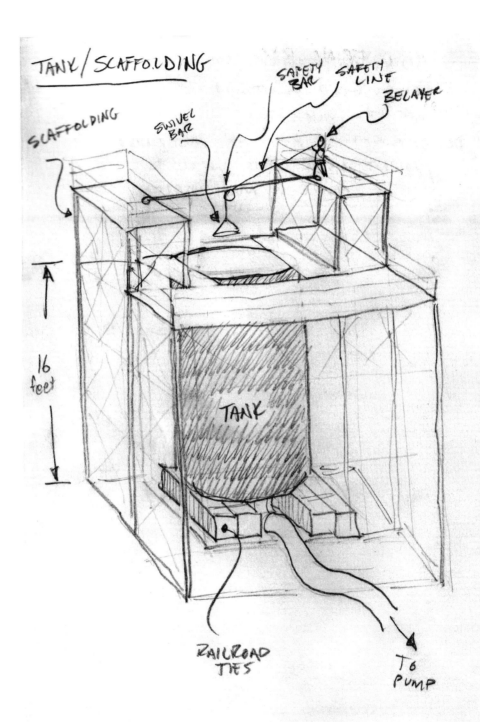

TANK / SCAFFOLDING

SCAFFOLDING

SWIVEL BAR

SAFETY BAR

SAFETY LINE

BELAYER

16 feet

TANK

RAILROAD TIES

TO PUMP

RAVEN PUPPET

SITTING ON PERCH
WITH FEET MOUNTED A
ONE-HANDED WALDO CONTROLS
HEAD, NECK, & BEAK ACTIVATION
WALT & CAN ALSO MOVE BODY

HE'S LARGE AND
GREASY, WHEN HE
LOOKS AT YOU - ITS NOT
ENTIRELY COMFORTING
YOU SUSPECT HE WANTS
SOMETHING AND WILL GET
IT, WHETHER YOU LIKE IT
OR NOT.

HEAD
NATURAL RESTING
POSITION OF HEAD
IS HIGH, LIKE HE'S
LOOKING UP. THAT
MEANS PUPPETEER
HAS CONSTANT
CENTERING OF HEAD
TO KEEP IT
LOOKING FORE-
WARD.
MORE
REALISTIC

HEAD TOO TIGHT!

CABLE STOP

SPINE

FEEL

*A SMALL
AMOUNT OF RED
VISIBLE INSIDE MOUTH

WORBLA?

RUN UP BRASS + PLASTIC TUBES
(INTO BIRD)

CONTROL
ROD

HANDLE DETAIL

SPRINGY

MAGNET?
TO ATTACH
TO PERCH

NECK

BEAK

PERCH
OR
FINGER

NOTE:
THIS FOOT
IS TOO SMALL
IN SCALE

LEGS ARE
ALUMINUM
FRAMES AND
SPRING INTO
A NEUTRAL
STANCE - THIS
TAKES SOME
TENSION OFF
THE WALDO
OPERATOR'S
HAND.

RING

HANDLE

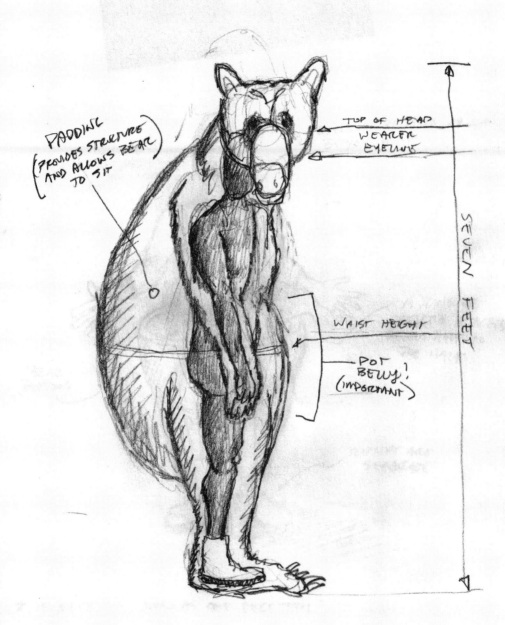

PADDING
(PROVIDES STRUCTURE
AND ALLOWS BEAR
TO SIT)

TOP OF HEAD

WEARER
EYELINE

WAIST HEIGHT

POT
BELLY!
(IMPORTANT)

SEVEN FEET

3.

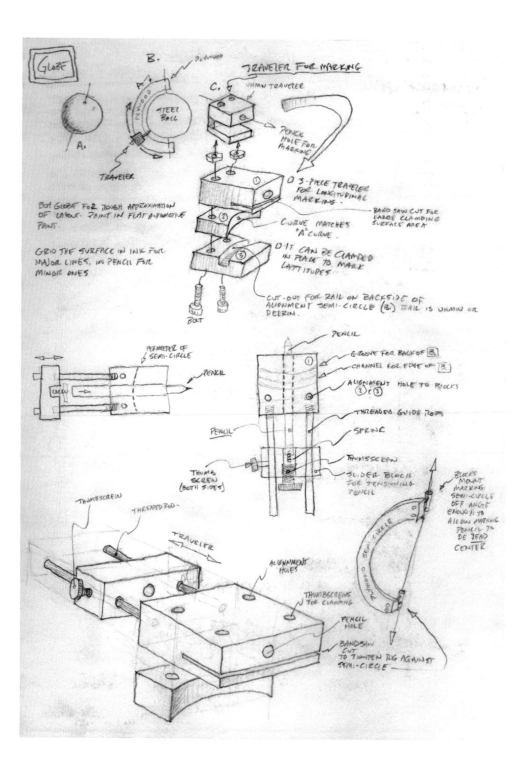

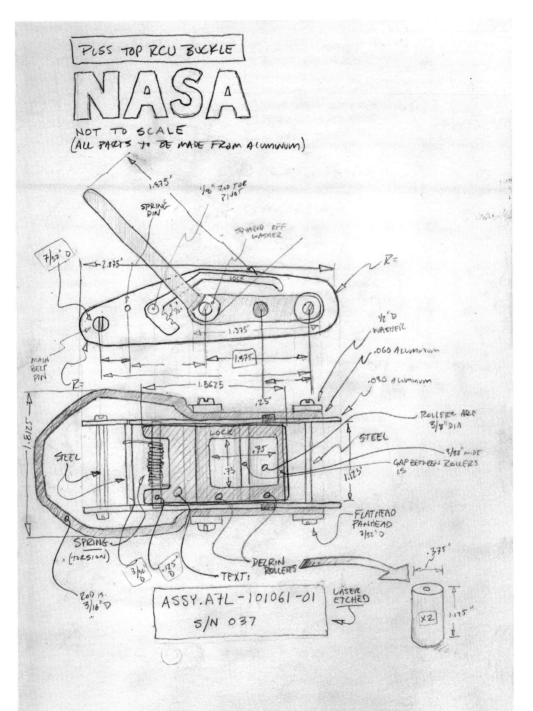

PLSS TOP RCU BUCKLE

NASA

NOT TO SCALE
(ALL PARTS TO BE MADE FROM ALUMINUM)

1.875"

1/16" ROD FOR PIVOT

SPRING PIN

SQUARED OFF WASHER

7/32" D

← 2.875' →

LOCK

90°

1.375"

R=

1/2" D WASHER

.060 ALUMINUM

.030 ALUMINUM

MAIN BELT PIN

R=

1.8625

.25"

ROLLERS ARE 3/8" DIA

1.8218"

LOCK

.75

.75

.75

STEEL

3/32" WIDE

GAP BETWEEN ROLLERS IS

STEEL

1.125"

SPRING (TORSION)

3/32 D

.125 D

TEXT:

FLATHEAD PANHEAD 7/32" D

DELRIN ROLLERS

ROD IS 3/16" D

ASSY. A7L-101061-01

S/N 037

LASER ETCHED

.375"

X2

1.125"

1.375"

國家圖書館出版品預行編目資料

創客精神：《流言終結者》主持人從「自造」提煉的工作
哲學／亞當‧薩維奇（Adam Savage）著；韓絜光譯. -- 初
版. -- 臺北市：大塊文化出版股份有限公司, 2021.12
288面；16×23公分. -- (smile ; 176)
譯自：Every tool's a hammer : life is what you make it
ISBN 978-986-0777-64-2（平裝）

1. 薩維奇（Savage, Adam）2. 創造力 3. 自我實現

176.4   110018345

LOCUS

LOCUS